FSC
www.fsc.org
MIX
Papier aus ver-
antwortungsvollen
Quellen
Paper from
responsible sources
FSC® C105338

AF306790

**Bibliografische Information der Deutschen Nationalbibliothek: Die Deutsche Nationalbibliothek verzeichnet diese Publikation in der Deutschen Nationalbibliografie; detaillierte bibliografische Daten sind im Internet über dnb.dnb.de abrufbar.**

© 2024 Regina Tödter völlig neu überarbeitete Auflage
Herstellung und Verlag:
BoD – Books on Demand, Norderstedt.

2015 Originalausgabe mit dem Originaltitel
„Die 50 besten Alkohol-Killer":
Trias Verlag Stuttgart
bei MVS Medizinverlage Stuttgart GmbH & Co.KG.

2019 Taschenbuchausgabe: Wilhelm Goldmann Verlag
bei der Verlagsgruppe Penguin Random House, München.
Printed in Germany.

ISBN: 9783758368561


Alle Ratschläge in diesem Buch wurden von der Autorin und dem Verlag sorgfältig erwogen und geprüft, eine Garantie kann jedoch nicht übernommen werden. Eine Haftung der Autorin bzw. des Verlages und seiner Beauftragten für Personen-, Sach- und Vermögensschäden ist daher ausgeschlossen.

Sofern diese Publikation Links auf Webseiten Dritter enthält, übernehmen wir keine Verantwortung für deren Inhalte, da wir uns diese nicht zu eigen machen, sondern lediglich auf den Stand zum Zeitpunkt der Erstveröffentlichung verweisen.

Umschlagmotiv: ©master1305 aus freepik.com, designed by Canva.

# **Alkoholfrei.** Die 50 besten Tipps

*von Regina Tödter*

*Regina Tödter*

# Alkoholfrei

## Die 50 besten Tipps

# Inhalt

# Vorwort statt Vorglühen

Liebe Leserin und lieber Leser, mal ehrlich...

wenn wir uns das genauer überlegen, müssten wir doch skeptisch werden: Wir trinken seit Jahren etwas, was wir weder körperlich noch mental brauchen. Ganz im Gegenteil. Es macht uns müde, manchmal duselig und benebelt unseren Verstand. Die Rede ist von Alkohol (oder Ethanol, wie der korrekte chemische Name lautet). Alkohol raubt uns die Kraft für den nächsten Tag und überhaupt fühlen wir uns am nächsten Morgen einfach nur matt und ausgelaugt. Im schlimmsten Fall kann man sich an den Vorabend gar nicht mehr erinnern. Aber der Klatsch und Tratsch im Büro hat schon die Runde gemacht. Oje, dabei sollte es doch nur bei einem Drink bleiben. Jetzt haben wir einen dummen Flirt an der Backe, unsere tolle Strickjacke verlegt und der Aufgabenberg ist immer noch da und muss mit Kopfschmerzen bewältigt werden. Wieso trinken wir überhaupt Alkohol, wenn wir doch wissen, dass wir es am nächsten Morgen öfters mal bereuen? Warum fällt der Verzicht so schwer und wie kann man den eigenen Konsum etwas runterschrauben? Das sind drei grundlegende Fragen - und diese sind schon mal falsch gestellt.

Das Wieso müssen wir eigentlich nicht beantworten. Das ist vielmehr eine Aufgabe für Mediziner und Psychologen. Wir wissen nur, wir trinken ihn, weil es irgendwie alle tun, es manchmal nach besonders schlimmen Tagen einfach guttut und so manche Stimmung auflockert. Alkohol ist ein fester Bestandteil unserer Kultur, hat eine lange Tradition und begleitet uns auf Schritt und Tritt. Kaum jemand kann sich vorstellen, auf der nächsten Hochzeit »nüchtern« zu tanzen, oder?

Die zweite Frage entpuppt sich als kultureller Denkfehler, denn verzichten müssen wir im Grunde gar nicht. Alkohol ist nicht lebensnotwendig - er ist ein Zusatz, ein Aufputschmittel, ein Emotionsverstärker und Gefühlshemmer, den wir schlecht unter Kontrolle haben, wenn bereits das erste Glas heruntergespült ist. Alkohol dient für viele nicht selten auch als Ersatz für eine womöglich unbefriedigende Situation oder einen unerfüllten Wunsch, oder nicht? Wir müssen also umdenken: Wenn wir künftig das Alkoholtrinken sein lassen, dann doch bitte bewusst, freiwillig und gewollt. Man kann zu vielen liquiden Alternativen greifen, die, im Gegensatz zum Alkohol, sogar gesundheitsfördernd und alltagsbereichernd sind. Dazu zählen natürlich Wasser, Tee, Säfte und Schorlen. Aber es geht über den Drink hinaus: Wir brauchen neue Rituale,

Handlungsoptionen und kreative Ideen, natürlich alkoholfreie.

Und die Frage nach der Reduktion schließt die Frage nach dem richtigen Maß mit ein. Doch wer legt die Menge fest? Ist das nicht eine sehr individuelle Frage? Und reduzieren die meisten nicht erst, wenn sie gesundheitlich etwas merken? Aber wenn die Gesundheit anfängt zu streiken, ist das nicht schon fast zu spät?

Fragen wir uns also lieber, wie und mit welchen Tricks wir dem Alkohol ein Schnippchen schlagen können und welche Vorteile es hat, auf Alkohol zu verzichten. Denn Alkohol begegnet uns ohnehin täglich. Auf fast jeder Party, am Wochenende und auch im Alltag wird uns ein Glas unter die Nase gehalten.

Aber wir brauchen den Alkohol gar nicht ständig! Überlegen Sie doch mal: Alkoholfrei heißt, sich besser und fitter zu fühlen. Man sieht zudem frischer, jünger und gesünder aus. Die alkoholfreien Tage (und Abende) können Sie ohne Alkohol länger, tiefsinniger und intensiver nutzen. Klar, denn Sie sind zu 100% dabei! Tiefgänge - die ganz normal zum Leben gehören -, aber auch kreative Löcher, unangenehme Momente, langweilige Abende, Frust und Krisen, lassen sich auch nüchtern erfolgreich bewältigen. Das Leben hält viele kleine Glücksmomente bereit, auf diese muss man aber aufmerksam sein. Im beschwipsten Zustand werden Sie höchstens über solche Chancen stolpern, aber sie nicht weiter wahrnehmen. Alkohol hat im Grunde nur einen Sinn: Er sorgt für ein kurzes kleines Feuerwerk im Kopf, benebelt aber anschließend und langfristig die Sicht. Zudem fühlen wir uns schon nach kurzer Zeit oftmals müde, angeschlagen und desolat. Dauerhaft kann uns der regelmäßige Alkoholkonsum auch noch ernsthaft krank machen. Na toll! Also nichts wie weg damit! Alkohol hält nicht, was er verspricht. Wie sollte er auch? Hinter seinem perfekten Image steckt eine milliardenschwere Industrie, die genau weiß, was sie tut. Den ein oder anderen macht Alkohol ganz schön schnell abhängig (denn wir lieben diesen kurzen Kick, er ist leicht verfügbar, günstig und sofort wirksam).

Aber wir haben die freie Wahl. Ein Nein zum Alkohol macht uns unabhängig, flexibler, achtsamer und frei. Das heißt aber nicht automatisch, dass wir auf künftige Feiern und Feste verzichten müssen, ebenso wenig auf Genuss oder Spaß.

Im Gegenteil! Glück, Fröhlichkeit und Freude beginnt im Köpfchen (und nicht im Tröpfchen)! Legen Sie den Schalter dafür um - und lassen Sie sich von den 50 besten Tipps für ein fortan »alkoholfreies« Leben inspirieren und überraschen.


*Ihre Regina Tödter*

# Kleine Helfer

Jetzt geht es vor allem um die Frage, wie man den Alkohol wirklich aus dem Blickfeld bekommt. Ist das überhaupt möglich - wie sieht es in der Praxis aus?

Alkohol begegnet uns jeden Tag. Das ist schon die erste Herausforderung. Erfahren Sie im ersten Teil des Buches Grundlegendes über den All(k)tag. Machen Sie den Schnelltest und legen Sie spontan eine Alkoholpause ein. Überdenken Sie Ihre bisherigen (Trink-)Orte und Freunde. Vielleicht mischen Sie hier die Karten neu und wagen neue Begegnungen.

Ernüchternde Situationen: Die zweite Herausforderung - die sich uns jeden Tag stellt - sind diese typischen Gelegenheiten, die zum Trinken verleiten: das nette Grillfest im Sommer, die nächste bunte Geburtstagsparty, das jährliche Weihnachtsfest, Neujahr, runde Jubiläen, der langersehnte Urlaub, Partynächte oder der übliche Besuch im Lieblingsrestaurant. Wie meistert man solche Situationen, wenn man bemüht ist, nichts zu trinken? Haben Sie schon einmal versucht, nüchtern zu flirten? Stellen Sie sich vor, das geht auch, und vielleicht klappt's dann auch endlich mit der Liebe?! So ersparen Sie sich vielleicht die böse Überraschung am nächsten Tag, wenn Sie sich nicht mehr an den Namen erinnern oder nicht genau wissen, was Sie beim ersten Date so alles aus dem Nähkästchen geplaudert haben. Lernen Sie in diesem Kapitel die besten Tricks, um in geselligen Runden glücklich und trocken zu bleiben.

Einfach öfter mal »Nein« zum Alkohol sagen, hat viele positive Auswirkungen. Eine davon ist natürlich Ihre Gesundheit. Lesen Sie in der Rubrik »Salute«, welche tollen Vorteile der Verzicht auf Alkohol hat. Sie schlafen nicht nur besser, sondern ersparen sich auch das Gruselbild vor dem Spiegel am nächsten Morgen. Was Sie sich sonst noch ersparen können, erfahren Sie ebenfalls in diesem Kapitel.

Ändern Sie Ihre schlechten Gewohnheiten (wie der häufige Griff zu Alkoholischem) und setzen Sie Ihre guten Vorsätze in die Tat um. Inspiration gibt's im anschließenden Kapitel über Gewohnheiten - und zur Not fragen Sie die dort genannten Experten. Wussten Sie, dass Sie mit Ihrem Alkoholreduktionsplan bereits ein Trendsetter sind? Ohne Alkohol können Sie sich endlich über lange Wochenenden freuen, wie das? Erfahren Sie es in diesem Kapitel!

Und wenn die nächste Party ansteht, haben Sie viele fruchtig-frische Freunde am Start, die Sie bis zum Abwinken schlürfen können. Die Rezepte finden Sie im Kapitel »Alkoholfreie Drinks«. Da werden Ihre Gäste Augen machen. Oder wissen Sie, was das grüne Zeug in Ihrem Glas ist?

Sind Sie dann doch wieder in die Alkoholfalle getappt und haben ein bisschen über den Durst getrunken, ist das kein Grund zur Sorge. Jetzt brauchen Sie erst einmal ein paar griffige Kater-Tipps. Decken Sie irreführende Mythen auf, machen Sie eine Kneipp-Tour und schlüpfen Sie anschließend in Ihre Stiefel. Warum, zeige ich Ihnen im letzten Kapitel! Wenn Sie jetzt noch immer hin und her schwanken, machen Sie gleich den »Alkoholtest«.

Ich wünsche Ihnen bei der Lektüre ebenso viel Spaß wie bei der praktischen Umsetzung der 50 besten Tipps für einen »alkoholfreien« Alltag: Kein Alkohol ist auch eine Lösung, und in diesem Sinne: »Prosit« (lateinisch für »Möge es nützen«)!

# All(k)tag

**In welchen Situationen greifen Sie zu Alkoholischem? Noch nie ernsthaft darüber nachgedacht? Dann tun Sie es jetzt.**

*Überlegen Sie sich: Warum trinken Sie überhaupt Alkohol? Seit wann gehört er zum Alltag dazu und wie würde es sich anfühlen, mal darauf zu verzichten (bewusst und freiwillig)? Die ersten alkoholfreien Tipps geben Ihnen im Folgenden ein paar Denkanstöße.*

Kommen wir zur 1-Million-Euro-Frage: »Trinken Sie zu viel Alkohol?!?« Fragen wir das Publikum: Werden Sie von Ihren Lieben schon wieder als »Schluckspecht« bezeichnet? Hm, das heißt doch nichts, denken Sie! Lassen Sie die vergangene Woche Revue passieren: Da war die Grillparty am Wochenende bei Klaus, es gab Würstchen, Salat und natürlich durfte das Bier nicht fehlen. Am Montagmorgen wurde im Betrieb mit Sekt auf das 10-jährige Jubiläum angestoßen und dienstags ist immer Mädelsabend. Diesmal ging es ins Kino und das Glas Prosecco gab's gratis! Mittwochs musste man leider zum Magenbitter greifen, der hilft immer so gut bei Verdauungsproblemen. Und am Donnerstag öffnete der Liebste den guten Rotwein zum Abendessen, nachdem die Kinder rechtzeitig im Bett waren. Freitags wird natürlich wie immer das Wochenende eingeläutet, dieses ging's über das Stadtfest inklusive Happy Hour in der Lieblingsbar.

Na, fällt Ihnen jetzt etwas auf? Vielleicht haben Sie aber auch selbst bemerkt, dass es in letzter Zeit etwas mehr geworden ist. Kein Problem, denn Sie können jederzeit reduzieren. Machen Sie jetzt den Schnelltest und legen Sie eine alkoholfreie Pause ein. Beobachten Sie, wie leicht oder schwer es Ihnen fällt, eine Woche (oder länger) nichts zu trinken. Und das Tolle ist: Sie halten gerade jede Menge Joker in den Händen, nämlich 50 tolle Tipps für einen alkoholfreien Alltag, klingt das nicht nach einem Hauptgewinn? Los geht´s.

## 2 Bekämpfen Sie Langeweile!

Der Konsum von Alkohol hängt nicht selten mit Langeweile zusammen. Wie das? Obwohl wir ständig beschäftigt und immer unterwegs sind, selten Zeit haben und scheinbar tausend Dinge zu erledigen haben, zeigt sich oft eine innere Leere und die Frage nach dem Sinn kommt auf. Doch weil die Arbeit und die täglichen Verpflichtungen unseren Alltag so dermaßen ausfüllen, bleiben Hobbys, soziale Beziehungen und tiefgehende Gespräche oft auf der Strecke. Wir werden vielleicht oberflächlicher und passiver, was sich daran zeigt, dass wir gedankenlos an Festen und Feiern teilnehmen, bei denen gerne über den Durst getrunken wird, was wir in den seltensten Fällen hinterfragen. Zudem empfinden wir Langeweile oft als unangenehm. Ruhe, Schweigen und Nichtstun ertragen die wenigsten. Wir suchen nach sofortiger Ablenkung, bestenfalls verbunden mit einhergehenden unmittelbaren Glücksgefühlen.

Da kommt uns der Alkohol doch gerade recht: Erlebnis, Rausch, Betäubung und Glücksempfinden schon nach wenigen Schlückchen - der perfekte Stimmungsaufheller, oder nicht? Doch was ist, wenn wir allmählich lernen, Langeweile als ganz normalen Bestandteil des Lebens zu akzeptieren und sie bestenfalls schöpferisch zu nutzen? Wagen wir einen Perspektivwechsel und ein Gedankenexperiment: Nichtstun als kreative Pause, als (Selbst-)Reflexion und Haltepunkt. Das entschleunigt auch unseren vollen Terminkalender und wir stoßen vielleicht auf Wünsche und Vorstellungen, die wir längst ertränkt haben. Bekämpfen Sie die innere Leere nicht mit Hochprozentigem, sondern mit der schrittweisen Umsetzung Ihrer wahren Interessen.

## 3 Meiden Sie Stammkneipen und Trinkfreunde

Jeder hat sie und jeder liebt sie auch auf gewisse Weise: die netten Trinkfreunde, mit denen man sich am Wochenende ganz entspannt auf ein Bierchen trifft - oder eher auf zwei, drei oder vier? Einer schmeißt schließlich immer eine Runde. Nicht gerade förderlich, wenn Sie Ihren Konsum reduzieren möchten. Treffen Sie sich deswegen samstags mal nicht mehr wie sonst üblich in der Cocktailbar, sondern gehen Sie stattdessen sonntagvormittags gemeinsam mit Ihren Freunden zum Brunchen (nur tauschen Sie den Willkommenssekt gegen eine Extratasse Cappuccino ein). Haben Sie Bekannte und Kumpels, mit denen Sie eigentlich nur die »Trinkfreundschaft« verbindet? Sie finden das ganz schnell heraus, indem Sie ihnen Ihr alkoholfreies Vorhaben darlegen und die Reaktion abwarten. Kommen nur blöde Sprüche oder werden Sie nicht weiter ernst genommen, wissen Sie ja jetzt Bescheid. Wenn Ihnen aber ernsthaftes Interesse entgegengebracht wird, dann nehmen Sie diese echten Freunde mit ins Boot und sprechen Sie offen und ehrlich über Ihre Pläne. Wichtig ist, dass Sie nicht zweigleisig fahren oder sich verstellen müssen. Nehmen Sie Ihre alltäglichen Situationen genau unter die Lupe: Der gelegentliche Besuch bei der Nachbarin, wo nicht nur Kaffee, sondern gerne auch Sekt ausgeschenkt wird, genauso wie die neue verantwortungsvolle Position in Ihrem Betrieb, die sich als Katalysator für häufiges Frusttrinken nach Feierabend entpuppt. Hinterfragen Sie die Motivation für Ihr Trinkverhalten und nehmen Sie die Zügel selbst in die Hand.

Intuitiv zieht man sich zurück, wenn man mit einer schwierigen Situation überfordert ist und das große Scheitern droht. Zu groß ist das Stigma des Versagens in einer Leistungsgesellschaft wie der unseren. Schnell wird aus der »Maus ein Elefant« und plötzlich scheint eine Situation ausweglos zu sein! Da hat man dann doch Skrupel, mit dem Verzicht auf Alkohol zu prahlen und später ein Scheitern eingestehen zu müssen. Genau in solchen Momenten braucht man einen guten Freund an seiner Seite, um nicht gänzlich unterzugehen. Wir sind nun mal auf das Miteinander angewiesen und das ist auch gut so! Reden ist Balsam für die Seele und hilft gegen das Gedankenwirrwarr! Weihen Sie Ihre Engsten also ein, das hilft auch bei Festen, wenn Gastgeber und Gäste wissen, dass Sie gerade aussetzen, und sie Ihnen nicht ständig verlockende Angebote machen sollten.

Durch Austausch und Reflexion mit Gleichgesinnten kommt man auf Lösungen, die man selbst nicht findet. Jedoch sollten wir nicht zu Hause sitzen und auf den freundschaftlichen Anruf warten, sondern, frei nach Gandhi, selbst der Freund sein, den man sich wünscht. Hier ist Eigeninitiative gefragt. Wir sollten stets an unseren sozialen Beziehungen arbeiten, das betonen auch Psychologen, wenn wir uns ein möglichst glückliches und gelungenes Leben wünschen. Nutzen Sie die momentane Situation der Veränderung und überdenken Sie auch einzelne »Trinkfreundschaften«. Knüpfen Sie auch neue Kontakte. Und vielleicht hüpft der ein oder andere Ihrer Trinkfreunde ganz spontan mit auf den Zug und Sie können gemeinsam dem Alkohol trotzen. Das fällt einfacher, und den Gruppenzwang können Sie ja mal in dem Sinne umdrehen, dass der, der trinkt, der Buhmann ist. Zusammen klappt's auf jeden Fall noch besser.

Zu einer guten Freundschaft gehört auch, das Thema Alkohol offen anzusprechen. Haben Sie vielleicht das Gefühl, dass Ihre Freunde, mit denen Sie oft und gerne zusammen sind, etwas zu viel trinken? Und das über einen längeren Zeitraum? Kennen Sie vermutlich den Grund? Egal, wie fest Ihre Freundschaft ist, es ist nach wie vor ein sensibles Thema und sollte vorsichtig angegangen werden. Leider wird es oft verharmlost, tabuisiert oder man fühlt sich schnell angegriffen. Sie wollen ja auch niemandem auf die Füße treten und erst recht kein böses Urteil fällen. Signalisieren Sie Ihrem Freund oder Ihrer Freundin trotzdem und gerade deshalb Ihre Besorgnis und zeigen Sie deutlich, dass man Ihnen vertrauen kann. Es gibt außerdem zahlreiche Beratungsstellen (dazu später mehr), die Sie zur Hilfe hinzuziehen können. Das Einzige, was Sie wirklich falsch machen können, ist wegschauen und schweigen.

# 5 Nutzen Sie Ihren Wissensdurst gegen die Trinklust

Ganz ehrlich, beschäftigt man sich intensiv mit dem Thema Alkohol und seinen Folgen, vergeht einem der Durst (im wahrsten Sinne des Wortes)! Schon allein das Googeln des Begriffs »betrunken« kann einem jegliche Lust am Trinken nehmen, und bei den abgebildeten Fotos und Videos ist eigentlich nur Fremdschämen angesagt. Trotzdem sollte man sich dem Thema ernsthaft und sensibel nähern und hinter die Kulissen schauen. Ein weiterer Aspekt ist das ernst zu nehmende Thema Alkoholismus, das nicht nur das traurige Bild eines Bahnhofsvorplatzes bedeutet. Alkoholmissbrauch und Alkoholsucht sind oftmals zu spät erkannte Probleme, die alle treffen können, in jedem Alter und in allen Gesellschaftsschichten.

Mit Austausch und Wissensaneignung leistet man grundlegende Präventions- und Aufklärungsarbeit an sich selbst und seinem Umfeld. Erweitern Sie Ihren Horizont, denn dazulernen kann man nie genug. Decken Sie zum Beispiel gängige Werbelügen auf und entmythologisieren

Sie die vermeintlich positive Wirkung alkoholischer Getränke. Typisch in der Werbung sind positive Zuschreibungsmuster, mit denen man sich gerne identifiziert und die man auf das eigene Leben übertragen möchte. Bier etwa verspricht Freiheit, Frische, Reinheit und Genuss, Sekt spielt auf Leidenschaft, Prickeln, Exklusivität und Reichtum an, Rum verspricht einen paradiesischen, easy-going-Lifestyle mit rhythmischen Klängen und Sonnenschein und Wodka mit seiner »reinen Seele« sorgt für Frische, Spaß und Klarheit. Je länger Sie sich mit dem Thema auseinandersetzen, desto besser wird Ihr Bewusstsein für das Problem sensibilisiert. Ersetzen Sie doch einfach künftig die Trinklust durch Wissensdurst.

## 6 Geben Sei sich den Kick, ganz ohne Alkohol

Sich berauschen, und das ganz ohne Alkohol, klingt nach illegalen Substanzen, finden Sie nicht auch?! Aber keine Panik. Die Opiate, von denen hier gesprochen wird, sind völlig natürlich und absolut harmlos. Sie tragen sie quasi täglich mit sich herum. Die Rede ist von Dopamin, Serotonin, Endorphinen und Adrenalin. Also körpereigene Drogen. Das sind Glückshormone, die für Ihr persönliches

Wohlbefinden, Ihre Zuversicht, Ausgeglichenheit, aber auch für Stimulation und Euphorie sorgen. Sie brauchen diese körpereigenen Glücksbringer lediglich zu »aktivieren«. Das geschieht am besten durch ausreichend Bewegung, genügend Tageslicht, frische Luft und eine positive Grundeinstellung.

Machen Sie sich schöne Gedanken und erzeugen Sie Glückskraft von innen heraus. Nachhelfen können Sie beispielsweise auch mit Happy Food, also bestimmten Lebensmitteln wie Kakao, Datteln, Bananen oder Nüssen. Echte Stimmungskiller sind dagegen Fastfood-Produkte, die uns schlapp oder gar depressiv machen. Vorsicht auch bei Schokolade. Nicht der darin enthaltene Zucker, sondern das im Kakao enthaltene Tryptophan macht uns high. Greifen Sie deshalb lieber zu dunkler Bitterschokolade und nicht zur stark zuckerhaltigen Vollmilch-Version. Schon der Anblick von Schokolade erzeugt große Vorfreude, dass im Gehirn Dopamin ausgeschüttet wird.

## Extratipp

Je nach Vorliebe und Kondition sorgen ein Actionfilm, eine Fahrt mit dem Kettenkarussell oder ein Blind Date auch für eine intensive Hormonausschüttung. Oder Sie springen vom 3-Meter-Brett im Freibad, halten eine Rede vor Publikum, besteigen einen hohen Turm, laufen einen Marathon, nehmen eine eiskalte Dusche, schauen bei Blitz und Donner aus dem Fenster oder geben auf der Autobahn richtig Gas. Was auch immer Ihnen einen Kick gibt - tun Sie es!

Verlassen Sie sich also lieber auf Ihr persönliches Glückszentrum und freuen Sie sich auf berauschende Momente ganz aus sich selbst heraus.

Seien wir ehrlich, es ist doch immer wieder mühsam, das richtige Maß zu halten. Hat man erst einmal das eine Glas heruntergespült, fallen die Schranken und die Lust auf mehr ist entzündet. Wie viel »genug« ist, darüber streiten sich bekanntlich die Geister. Jedenfalls wissen wir alle, dass der gute Vorsatz nicht immer eingehalten werden kann (und schon gar nicht, wenn man bereits beschwipst ist). Ein Dilemma! Theoretisch wäre das Einfachste wohl, gänzlich die Finger davonzulassen. Aber man muss ja nicht gleich ins Extrem überlaufen. Probieren Sie es also vielleicht einmal mit festen Trinktagen. Überlegen Sie ganz genau, wann und wie viel Alkohol für Sie infrage kommt. Soll es nur das Glas Sekt jeweils zum eigenen Geburtstag, nur an Silvester oder zu runden Jubiläen sein? Wollen Sie nur am Wochenende zum Essen einen Wein öffnen, oder gönnen Sie sich lediglich im Urlaub das ein oder andere kühle Bier? Haben Sie für sich eine gesunde Menge definiert, legen Sie sich darauf fest und machen Sie Nägel mit Köpfen. Erwischen Sie sich mehrmals dabei, wie Sie den Trinkplan über Bord werfen und deutlich mehr bechern als geplant, sollten Sie ernsthaft über die Ursache nachdenken! Die Ausnahme bestätige zwar die Regel, wie es so schön heißt, aber die Ausnahme sollte nicht die Regel werden. Sprich: Manchmal hilft dann doch die komplette Abstinenz, um gar nicht erst in Versuchung zu geraten.

## 8 Goofy – seien Sie nicht albern!

In letzten Jahr (2023) wurde das Wort »Goofy« zum Jugendwort gewählt. In Anlehnung an die berühmte Comicfigur von Walt Disney bezeichnet das Wort einen tollpatschigen, dummen Menschen, über den andere nur lachen können. Auch wer über den Durst trinkt, kann durch sein albernes und manchmal peinliches Verhalten im betrunkenen Zustand schnell zum »Goofy« bezeichnet werden (nichts, worauf man stolz sein kann).

Albernheit an sich ist nichts Schlechtes. Alberne Menschen sind lustig. Sie haben eine positive Einstellung, sie sind verspielt, haben in der Regel viel Humor und lachen gerne bzw. bringen andere gerne zum Lachen.

Wenn diese positiven Eigenschaften jedoch das Ergebnis von Alkoholkonsum sind, sollten die Alarmglocken läuten. Albernheit infolge übermäßigem Trinken kann zu peinlichem oder unangemessenem Verhalten führen, das soziale Stigmatisierung oder üble Nachrede zur Folge haben kann. Im betrunkenen Zustand können Situationen nicht mehr richtig eingeschätzt werden. Dies stört die zwischenmenschlichen Beziehungen und führt zu Missverständnissen, zu Konflikten oder gar zu unüberlegten Entscheidungen.

Seien Sie kein »Goofy«, der ständig von einem Fettnäpfchen ins nächste tritt, sondern bleiben Sie professionell und authentisch. Natürlich darf der Spaß nicht fehlen, man kann unsinnige Dinge tun und dabei lustig sein. Aber um mit Leichtigkeit durchs Leben zu gehen, braucht es keinen Alkohol, das ist doch klar! Es gibt viele Möglichkeiten, ein lustiges und erfülltes Leben zu führen und dabei gesund zu bleiben. Lassen Sie sich in dieser Lektüre zu einigen inspirieren.

# Ernüchternde Situationen

**Ein Grillfest ohne Bier? Ein Abend mit Freunden ohne ein Glas Wein oder einen Cocktail? Geht das überhaupt?**

*Wow! Es ist schon erstaunlich, wie allgegenwärtig Alkohol eigentlich ist. In diesem Kapitel werfen wir einen genaueren Blick darauf und fragen uns, wie normale Situationen, die wir mit Alkohol in Verbindung bringen (im Restaurant, beim Ausgehen, beim Flirten oder beim Grillen), aussehen könnten, wenn wir wirklich auf alkoholische Getränke verzichten würden. Machen wir uns damit nicht zum Außenseiter, müssen wir uns jetzt jedes Mal rechtfertigen, den Chauffeur spielen oder uns anhören, was für eine Spaßbremse wir sind? Nicht unbedingt! Schließlich kann man auch mit Mineralwasser anstoßen und der Spaßfaktor sollte bitte nicht vom Alkoholpegel abhängen. Soweit darf es nicht kommen! Denn wenn Sie jetzt genug nachdenkliche, interessante Hintergrundinformationen gesammelt und Lust auf ein alkoholfreies Leben bekommen haben, werden Sie von nun an gelassener an die Sache herangehen: Zur Inspiration lesen Sie, wie so etwas spielerisch aussehen kann, welche Standardsätze Sie sich zurechtlegen sollten und wo Sie besser schweigen.*

Nach einem besonders anstrengenden Arbeitstag freuen wir uns am meisten auf den wohlverdienten Feierabend. Dieser ist uns heilig und in der Regel haben wir nicht viel Zeit dafür. Deshalb wollen wir die wenigen Stunden natürlich sinnvoll nutzen. Der perfekte Übergang kann ritualisiert werden: Das leckere Abendessen mit der Familie, eine heiße Dusche und die Tagesschau. Bei vielen darf das Glas Rotwein, das kühle Bier oder eben der Absacker nicht fehlen. Doch ehe wir uns versehen, ist das alkoholische Getränk zu einem festen Bestandteil unserer Freizeitgestaltung und unseres allabendlichen Rituals geworden und kaum mehr wegzudenken. Statt sich zu betrinken, ist es besser, sich unabhängig zu machen und auf natürliche Weise runterzukommen: Auf die Balance kommt es an, und abschalten kann man am besten mit einer Beschäftigung, die einen wirklich in den Flow bringt. Der Begriff stammt aus der Psychologie und bezeichnet einen Zustand völligen Aufgehens in einer Tätigkeit, bei dem man alles um sich herum vergisst. Die Quelle des Flows kann sehr unterschiedlich sein: Für den einen ist es die kreative schöpferische Arbeit, für den anderen ein spannendes Buch, ein Spaziergang im Wald oder das

Klimpern auf der Gitarre. Für ein Hobby mit Flow braucht es keine alkoholische Unterstützung. Finden Sie Ihre persönliche Leidenschaft und nehmen Sie sich abends Zeit dafür. Genießen Sie den Abend nicht mit Alkohol, sondern mit einem erfüllten Hobby, um neue Energie zu tanken.

## 10 Stoßen Sie auf Ihre Gesundheit an

Fröhliche Ausrufe wie »Chin-chin«, »Skål«, »Kanpai«, »Prost«, »Na sdorowje«, »Cheers«, »Salute« und ähnliche gehören zu einem interkulturellen Brauch, der fast überall auf der Welt anzutreffen ist. Miteinander anstoßen scheint universell zu sein und bringt die unterschiedlichsten Menschen zusammen. Es überwindet Barrieren, schafft Freundschaften und unterstreicht den Grund des Zusammenseins. Anstoßen heißt willkommen sein, man trinkt auf die Liebe, auf eine glückliche Zukunft, auf Gesundheit und auf sich selbst. Nicht selten wird eine kleine Rede gehalten, während das Glas erhoben wird. Dann wandert der Inhalt in den Magen und manchmal fliegen die Gläser an die Wand.

Woher der Brauch des Zuprostens genau stammt, kann heute schwer nachvollzogen werden. Es heißt, es sollen »böse Geister vertrieben werden«, die sich vor allem am nächsten Morgen mit einem Kater bemerkbar machen. Aber warum die Geister vertreiben, wenn man sie gar nicht erst ruft (kein Alkohol = kein Kater)? Und von welchen bösen Geistern reden wir hier eigentlich? Die haben in einer geselligen Runde nichts zu suchen. Bereiten Sie dem Spuk ein Ende! Anstoßen können Sie auch mit alkoholfreien Getränken, zum Beispiel mit Limonade, Fruchtschorle oder alkoholfreiem Sekt. Denn beim Anstoßen kommt es auf die ausgesprochenen Glückwünsche an und nicht auf den Alkoholgehalt im Glas. Mit Alkohol auf die Gesundheit anzustoßen, ergibt - wenn man darüber nachdenkt - keinen Sinn. Man trinkt auf die Gesundheit und tut paradoxerweise das Gegenteil. Gehen Sie also mit gutem Beispiel voran.

## 11 Löschen Sie den Durst

Ein gemütlicher Abend mit Freunden, die letzten Sonnenstrahlen kitzeln die Haut und der Duft von Bratwurst oder Gemüsespieß steigt in die Nase. Sie haben Durst und denken an ein kühles Blondes zur Erfrischung? Schlechte Idee! Denn leider löscht Alkohol den Durst gar nicht. Im Gegenteil: Alkohol entzieht dem Körper noch mehr Flüssigkeit, was sich nach einigen Stunden durch

Unwohlsein und Kopfschmerzen bemerkbar macht. Wer zum Grillenn eine Erfrischung wünscht, sollte lieber leckere, fruchtige und erfrischende Vitaminbomben mixen. Ein Früchtepunsch oder eine prickelnde Saftbowle sind perfekte Cool-Downer (dazu später mehr). Wer keine Eiswürfel zur Hand hat, kann es zur Abwechslung auch mal mit lauwarmem Tee versuchen. Denn unser Körper reagiert empfindlich auf kalte Getränke: Wir müssen die Flüssigkeit unserer Körpertemperatur »anpassen«. Das wiederum verbraucht noch mehr Energie und führt eigentlich nur zu mehr Schwitzen. Nicht umsonst wird in besonders heißen Ländern (z.B. Ägypten oder Marokko) warmer Tee serviert: Er entlastet den Körper, kühlt und löscht den Durst. Mit etwas Pfefferminze oder einer Prise Zimt verleihen Sie auch Ihrem Grillfest eine orientalische Note.

## 12 Gehen Sie essen, ohne zu trinken

Alkohol begegnet uns fast überall, vor allem beim Essen. Da wird der nächste Restaurantbesuch zu einer kleinen Zerreißprobe. Aber Sie sind gewappnet und müssen sich vor Ihrem Lieblingsitaliener nicht verstecken: Lassen Sie sich das Essen auf der Zunge zergehen, schmecken Sie jede einzelne Zutat heraus und konzentrieren Sie sich ganz auf den liebevoll angerichteten Teller. Nehmen Sie sich viel Zeit und genießen Sie das Ambiente. Wasser oder Schorle passen wunderbar zum Hauptgang und helfen sogar, sich beim Essen zurückzuhalten. Bringen Sie auch reichlich Gesprächsstoff mit, denn Sie kennen die Verzögerungstaktiken im Restaurant, die vermutlich den Alkoholkonsum zusätzlich fördern sollen. Und anstatt in diesen Wartezeiten die nächste Flasche Wein zu bestellen, reden Sie lieber über interessante Themen und erfahren Sie mehr über Ihr Gegenüber. Jetzt, wo Sie keinen Alkohol mehr zum Essen trinken, werden Sie auch besser auf Ihr Sättigungsgefühl achten. Magenschmerzen ade! Und sollte sich doch einmal ein Völlegefühl einstellen, lassen Sie die Finger vom Schnaps und verbinden Sie den Restaurantbesuch mit einem Spaziergang im nahliegenden Stadtpark. Denn Bewegung fördert die Verdauung auf viel freundlichere Weise als Kräuterschnaps (mehr dazu im Tipp »Kräutertee statt Kräuterschnaps«). Wird Ihnen mit der Rechnung ein Kurzer »auf Kosten des Hauses« serviert, lehnen Sie dankend ab (oder lassen Sie das Glas einfach stehen), ohne in Verlegenheit oder Erklärungsnot zu geraten. Niemand wird es Ihnen übel nehmen. Vielleicht handeln Sie stattdessen einen Espresso aus. Fragen lohnt sich!

# 13 Flirten Sie nüchtern

Wir sind überzeugt: Flirten ist Magie! Entweder geschieht ein Wunder und man wird von seinem Schwarm angesprochen, oder man braucht dringend einen »Zaubertrank« für die Extraportion Mut. Auf Alkohol ist Verlass: Er wirkt schnell, pusht, enthemmt und steigert angeblich das Selbstwertgefühl. Man wagt sogar den ersten Schritt und findet vielleicht auf Anhieb das richtige Gesprächsthema. Doch in Wirklichkeit werden wir nicht selbstbewusster, sondern fangen im schlimmsten Fall an zu lallen, (alkoholbedingt) aus dem Mund zu riechen, zu torkeln und sinnloses Zeug von uns zu geben. Und wenn wir Pech haben, verwandelt sich der Prinz am nächsten Tag wieder in einen Frosch - welch böses Erwachen!

Flirten ist eine hochkomplexe Angelegenheit und mindestens so aufregend wie ein wichtiges Vorstellungsgespräch (zu dem man schließlich auch nüchtern geht): Tauschen Sie das Bier gegen die Apfelschorle und schenken Sie Ihrem Gegenüber Ihre volle Aufmerksamkeit. Dann finden Sie schnell ein gemeinsames Thema, das Sie verbindet. Sprechen Sie über Reisen, spezielle Interessen, Bücher, Sport, Musikgeschmack. Das sind in der Regel immer gute erste Anknüpfungspunkte. Mit Humor und ehrlich gemeinten Komplimenten brechen Sie schließlich das Eis. Aber auch gelegentliche peinliche Stille sollte für Sie kein Problem sein, denn gemeinsames Schweigen ist die perfekte Gelegenheit für Blickkontakt mit Knistereffekt. Machen Sie sich interessant, aber drängen Sie sich nicht in den Vordergrund. Niemand hat Lust auf einen Egozentriker und schon gar nicht auf einen Betrunkenen. Also nur Mut, dann gibt es vielleicht auch ein Happy End!

## 14 Feiern Sie ohne Alkohol

Zugegeben, die nächste Partynacht kann sich nüchtern ganz schön komisch anfühlen, wenn alle um Sie herum immer betrunkener werden und Sie am Ende nur noch den Fahrer spielen. Wenn Sie aber gerne das Tanzbein schwingen, macht das nüchtern mindestens genauso viel Spaß. Es kostet vielleicht etwas mehr Überwindung, aber ohne Alkohol im Blut können Sie sich besser auf die Musik einlassen und sich über Ihre sportliche Ausdauer freuen (mehr dazu im Abschnitt »Tanzen Sie sich in Trance«). Wenn man weniger oder gar keinen Alkohol trinkt, kann man die Party auch verlassen, bevor alle anderen kaputt auf den Sofas liegen. Das hat den Vorteil, dass man am nächsten Tag ausgeschlafen und fit ist. Nach so einer alkoholfreien Nacht merkt man erst, wie oberflächlich manche Abende werden können, je später es wird und je betrunkener die Leute sind. Irgendwann ist an gute Gespräche kaum noch zu denken und leider ist man als »Nüchterner« oft nur noch Seelenklempner oder gar Spaßbremse. Aber sehen wir es sportlich: Spaß kann man trotzdem haben. Auf die Sichtweise kommt es an. Wie stehen Sie zum Leben? Humor ist schließlich eine Lebenseinstellung und lässt sich nicht in Promille messen. Suchen Sie sich Freunde, die ebenso wenig trinken und schlagen Sie auch mal eine andere Freizeitgestaltung vor (z.B. ins Kino oder Schwimmbad gehen, eine Lesung besuchen, gemeinsam kochen, klettern oder einen Städtetrip machen). Wahre Freunde kommen mit und wer weiß, vielleicht finden auch sie Gefallen am alkoholfreien Trinken.


## 15 Bleiben Sie undercover


Hüten Sie sich davor, auf einer Party, auf der viel getrunken wird, jedem Ihre Abstinenz unter die Nase zu reiben. Das kann provokativ rüberkommen. Lassen Sie sich nicht auf Diskussionen mit Betrunkenen ein und vermeiden Sie Erklärungs- und Rechtfertigungsversuche. Diese laufen ins

Leere. Entweder wird man als Spießer, Gutmensch oder »ernsthaft krank« verurteilt. Viele denken sofort, dass jemand, der wenig oder gar keinen Alkohol mehr trinkt, ein echtes Alkoholproblem haben muss, und dann kommen Fragen wie »Ist dir früher etwas Schlimmes passiert?«, »Trinken deine Eltern?«, »Ist in deiner Familie jemand daran gestorben?«. Das sind Fragen, mit denen man sich auf einer eigentlich gemütlichen Party nicht auseinandersetzen möchte, richtig? Wenn Sie also auf einer Party sind, die Ihnen gefällt, und Sie sowieso niemanden kennen, bleiben Sie besser undercover. Ganz ehrlich, keiner guckt Ihnen ins Glas und eigentlich interessiert es auch niemanden, was Sie trinken. Die meisten sind so mit sich selbst beschäftigt, dass es nicht weiter auffällt, wenn Sie Apfelsaft statt Bier, Mineralwasser statt Sekt oder Traubensaft statt Rotwein hinunterkippen. Zur Not wechselt man zwischendurch den Gesprächspartner oder greift zur Notlüge (»Ich habe heute schlimme Kopfschmerzen!«, »Ich muss morgen wegen eines Termins früh aufstehen« oder »Ich bin mit dem Auto da«). Wenn Ihnen plötzlich ein alkoholisches Getränk angeboten wird, halten Sie es einfach eine Weile in der Hand und stellen Sie es bei einer günstigen Gelegenheit unbemerkt ab. Werden Sie doch noch »entlarvt«, üben Sie sich im Schweigen und lassen Sie ruhig auch mal eine Vermutung im Raum stehen.

## 16 Nutzen Sie Ihre Rechte

Ständig Ausreden zu suchen, um nicht trinken zu müssen, nervt natürlich! Jeder hat das Recht, etwas abzulehnen, ohne gleich in Verruf zu geraten. Aber nicht immer haben die Mitmenschen dafür Verständnis, schon gar nicht, wenn es um Alkohol geht. Sie können entweder endlos diskutieren, schweigen, tricksen (wie Sie bereits im vorherigen Tipp »Bleiben Sie undercover« gelernt haben) oder Sie berufen sich auf ein Grundrecht, das im deutschen Grundgesetz unter Artikel 4 zu finden ist: Das Recht auf Religions- und Weltanschauungsfreiheit. Der Satz »Ich trinke nicht wegen meiner Religion« schlägt ein wie ein Blitz und sorgt sofort für Ruhe! Nachfragen kommen selten, denn über Religion und Weltanschauung streitet man bekanntlich nicht und Kritik ist absolut tabu. Dabei ist ziemlich egal, welche Religion oder Weltanschauung Sie tatsächlich damit meinen. Übrigens: Viele Buddhisten, die meisten Muslime und manche Christen leben völlig abstinent, weil sie meinen, Alkohol passe nicht zu einer spirituellen Ausrichtung und zu einer positiven

Lebenseinstellung. Damit haben sie völlig Recht, also nehmen Sie das ruhig als Grund.

## 17 Machen Sie mal alkoholfreien Urlaub

Ob man ans Meer fährt, in die Berge, eine Städtereise plant oder auf Balkonien Urlaub macht - Urlaub ist etwas Besonderes! Im Urlaub wollen wir uns erholen und viel Spaß haben. Es wäre doch schade, wenn wir nur die Hälfte davon mitbekämen, nur an der Poolbar hocken und die Tage sogar mit Ausnüchtern vertrödeln. Leider wird Erholung und Spaß oft mit Alkohol gleichgesetzt und das All-Inclusive-Angebot bis zum letzten Tropfen ausgeschöpft. Dabei können wir im Urlaub ganz auf Alkohol verzichten, denn wir greifen ja zu Alkoholischem, um vor allem runterzukommen, unsere Stimmung zu heben oder um den Alltagsstress zu vergessen. Das brauchen wir jetzt nicht mehr! Im Urlaub passiert das ganz von selbst. Allein der Ortswechsel bringt uns auf andere Gedanken. Fremde Kulturen sind inspirierend und spannend zugleich. Es macht Spaß, auf Entdeckungsreise zu gehen, neue Menschen kennenzulernen und die Zeit zu vergessen. Apropos Zeit, wundern Sie sich nicht, wie »lang« so ein Urlaub ohne Alkohol dann plötzlich erscheint. Sie dehnen

Ihre Urlaubszeit spürbar, ist das nicht toll? Gleichzeitig ist diese Zeit ideal, um vom Alltag abzuschalten. Sie haben jetzt viel mehr Energie zur Verfügung und sind richtig in Ausflugslaune. Erkunden Sie die fremde Stadt in Joggingschuhen, schlemmen Sie sich durch die exotische Küche und lernen Sie eine neue Fertigkeit (Sprache, Töpfern oder Trommeln). Aber Vorsicht: Gerade im Urlaub werden Sie oft in Alkoholfallen tappen, wenn Sie nicht gerade ein muslimisches Land wie Dubai bereisen. Planen Sie Ihre nächste Reise völlig alkoholfrei und Sie werden überrascht sein, wie viel Sie davon profitieren.

## 18 Genießen Sie unvergessliche Abende

Und wieder ist ein Jahr vergangen. Der Geburtstag rückt näher, Silvester steht vor der Tür und der Jahrestag erreicht eine runde Jubiläumszahl. Bestimmten Festen im Jahr können und sollten wir uns nicht entziehen. Viel zu schön und wertvoll sind diese Ereignisse! Aber wir können auch ohne Alkohol feiern. Nüchtern wissen wir endlich, was wir eigentlich zelebrieren: Endlich steht der Mensch im Mittelpunkt, das vergangene Jahr mit seinen Höhen und Tiefen und der fröhliche Moment. Nicht umsonst heißt es: »Schön, dass du geboren bist«, und man wünscht sich:

»Ein frohes neues Jahr!« Darauf sollten wir uns besinnen und uns den Spaß nicht nehmen lassen. Geradezu legendär sind Partys ohne Alkohol! Überraschen Sie als Gastgeber Ihre Gäste mit außergewöhnlichen Drinks: feurige Vitamin-Shots, bunte Fruchtcocktails, prickelnde Bowlen oder selbstgemachte Smoothies (weitere Ideen finden Sie im Kapitel »Alkoholfreie Drinks«). Aber nicht nur die Getränke werden Ihre Gäste erfreuen. Überzeugen Sie mit leckerem Fingerfood, einem witzigen Programm und guter Musik. Sie haben bestimmt ein paar tolle Gute-Laune-Songs in petto, bei denen jeder sofort mitsingen will! Das wiederum sorgt für die ersten mutigen Tanzeinlagen. Hier können Sie nachhelfen, indem Sie die kultigen Moves der Superstars imitieren, aber auch Tanzszenen aus bekannten Musikvideos oder Musicals eignen sich wunderbar für eine gelungene Partynacht. Wie Sie mit null Promille zum Tanzstar werden, haben Sie ja bereits erfahren. Auch lustige Spiele wie Karten-, Brett- und Malspiele heizen die Stimmung an (Sie sollten auch »Die Kraft der Musik nutzen«, dazu später mehr). Probieren Sie es auch mit Ratespielen (z. B. Prominentenraten) oder Mottopartys (verkleidet macht es noch mehr Spaß). Auch Poker spielt sich nüchtern fast besser. Denn endlich kommt das Pokerface zum Einsatz. Das sorgt für die gewünschte lockere Atmosphäre. Auch wenn die Umstellung am Anfang gewöhnungsbedürftig ist oder einige Gäste vielleicht blöde Sprüche klopfen oder gar die Party vorzeitig verlassen, werden Sie sich wundern, wie viel interessanter die Gespräche plötzlich werden und was Sie alles Spannendes von Ihrem Gegenüber erfahren. Und weil man bewusst mit allen Sinnen dabei ist, erlebt man schließlich Abende, an die man sich noch lange erinnert.

## Extratipp

Neueste wissenschaftliche Beobachtungen zeigen, dass vor allem Kalzium den Durst nach Alkohol hemmt. Greifen Sie also abends vor dem Fernseher gern zu Käsesticks. Käse ist außerdem gut für Zähne und Knochen, reguliert die Nervenimpulse in der Muskulatur, wirkt entzündungshemmend und hat eine hohe Eiweißdichte. Aber auch Veganer müssen sich keine Sorgen machen: Kalzium ist nicht nur in Milchprodukten enthalten, sondern auch in grünem Gemüse und Nüssen - beides eignet sich hervorragend zum Knabbern.

# Salute! Auf Ihre Gesundheit

**Die eigene Gesundheit ist den Menschen das größte Anliegen, manche stoßen paradoxerweise gerne darauf an - komisch eigentlich.**

*Einer der häufigsten Gründe, warum Menschen mit dem Trinken aufhören, ist ihre Gesundheit. Manchmal muss sie der Arzt darauf hinweisen, dann aber machen sie schnell Nägel mit Köpfen. Stößt man auf die eigene Gesundheit an, macht sich Alkohol spätestens jetzt verdächtig. Mit diesem Kapitel schlagen Sie vielleicht zwei Fliegen mit einer Klappe, denn wenn Sie von nun an auf Alkohol verzichten, können Sie all Ihre guten Vorsätze (wie z. B. mehr Gesundheit, Zufriedenheit, weniger Stress, Gewichtsreduktion) endlich in die Tat umsetzen.*

# 19 Sparen Sie sich den Klaren

Zwar kostet Sie das Bier nur ein paar Euro, einen guten Wein bekommen Sie auch schon mal im Angebot, aber der Betrag summiert sich über die Tage, und schon haben Sie am Ende des Monats ein paar hundert Euro weniger im Geldbeutel. Und Sie wissen selbst, dass es selten bei einem Glas bleibt. Dann schmeißen Sie die nächste Runde und Grund zum Feiern gibt es ständig. Wenn Sie es jedoch schaffen, jedes Mal den Euro zur Seite zu legen, statt sich mit Alkoholischem einzudecken, können Sie sich am Ende richtig was ansparen. Ihre Gesundheit wird es Ihnen danken und ganz nebenbei haben Sie auch noch ein nettes Sümmchen angespart, das Sie für andere schöne Dinge ausgeben können.

Ein kleines Rechenbeispiel: Am Wochenende geben Sie durchschnittlich vielleicht 10 bis 20 Euro für alkoholische Getränke aus. Man trifft sich mit Freunden, geht essen und bestellt Wein (5 bis 10 Euro). Am Sonntag spielt das Wetter mit, es wird gegrillt und dazu ein paar Flaschen Bier getrunken (2 bis 5 Euro). Ihre Kollegin hat Geburtstag, Sie stoßen mit Prosecco an (3 Euro) und in der Woche treffen Sie Ihre beste Freundin, es werden »Männerprobleme« besprochen und dabei ein paar Gläschen Sahnelikör gekippt (4 bis 8 Euro). Ziehen wir Bilanz: 30 bis 40 Euro gibt man durchschnittlich in der Woche allein für Alkohol aus. Am Ende des Jahres kommen wir auf beträchtliche 1500 Euro. Sicherlich werden es bei dem einen oder anderen noch einige hundert Euro mehr sein. Denken Sie an Hochzeiten, Karneval, Trauerfeiern, Fußballspiele, Einweihungen und den Weihnachtsmarkt. Sparen Sie sich den Alkohol! Sparen Sie sich auch künftig peinliche Situationen am Pfandflaschenautomaten oder Altglascontainer. Ersparen Sie sich peinliche Partyfotos oder Geschichten, die plötzlich auf den sozialen Medien und im Büro kursieren und sparen Sie sich Abende, an die Sie sich nicht mehr erinnern können!

## 20 Werden Sie die Augenringe los

Das lässt Sie aber ganz schön alt aussehen: Gestern haben Sie noch feuchtfröhlich gefeiert und heute erschrecken Sie sich vor Ihrem eigenen Spiegelbild? »Schau mir in die Augen, Kleines« muss heute wirklich nicht sein! Die blauen, grauen und roten Verfärbungen rund um die Augen entstehen vor allem durch Flüssigkeitsverlust, Schlafmangel und übermäßigen

Alkoholgenuss. Ihrer Haut fehlt es an Sauerstoff im Blut und zudem spült Alkohol wichtige Salze und Mineralien aus dem Körper. Darunter leiden langfristig auch das Hautgewebe und die Zellstruktur. Zwar können Sie Ihren Vitamin- und Mineralstoffhaushalt durch entsprechende Ernährung wieder auffüllen (greifen Sie zu Obst und Gemüse), aber am besten werden Sie Ihre lästigen Augenringe los, indem Sie in Zukunft die Finger vom Alkohol lassen und beim nächsten Mal lieber zu Wasser oder einem leckeren Fruchtcocktail (natürlich alkoholfrei) greifen. Augenringe kommen nicht nur von durchzechten Nächten. Vielleicht sind Sie auch einfach nur gestresst und überarbeitet und schlafen deshalb schlecht. Mit einem Glas Rotwein kann man zwar kurzfristig Abhilfe schaffen, aber den erholsamen Schlaf kann man dann vergessen. Bessere Tipps dazu finden Sie im Abschnitt »Endlich durchschlafen«.

## 21 Verbessern Sie Ihr Hautbild

Eigentlich sind Sie schon lange aus der Pubertät heraus und trotzdem sieht Ihre Gesichtshaut manchmal aus wie die eines Teenagers? Sie haben schon alles ausprobiert - von teurer Gesichtslotion über Cremes, Medikamente und Saunagänge - und nichts hilft? Dann probieren Sie es doch mal mit dem Verzicht auf Alkohol. Denn Alkohol ist bekanntlich ein echter Schönheitskiller und wirkt sich negativ auf Ihr Hautbild aus. Da das Alkoholmolekül fast alle Poren durchdringt, bringt es Ihren Hormon- und Feuchtigkeitshaushalt durcheinander, fördert so die Talgproduktion und lässt Sie sogar schneller schwitzen. Regelmäßiger Konsum schwächt das Immunsystem und macht die Haut anfälliger für Rötungen und Entzündungen. Tun Sie das Ihrer Haut nicht an! Vergessen Sie teure Peelings und Gesichtsreiniger und lassen Sie den Alkohol lieber öfter mal weg.

## 22 Tun Sie Ihrem Körper etwas Gutes

Wussten Sie, dass im Mittelalter Bier als Durstlöscher diente und sich sogar ganze Mahlzeiten damit erübrigt haben? Von wegen »Dunkles Zeitalter«, es sollte eher von dunklem Bier die Rede sein. Denn Wasser war damals so ungenießbar, dass der Hopfen zur wichtigsten Trink-und Nahrungsquelle wurde. Wollen Sie heute ein paar Kalorien einsparen, dann sollten Sie daher die Finger vom Alkohol lassen. Der hat nämlich richtig viele Kalorien. Schon kleine Mengen decken die Hälfte des täglichen Energiebedarfs. Hier ein kleines Beispiel (pro 100 ml): Weinschorle hat 34 kcal, Weizenbier kommt auf 37 kcal, trockener Weißwein liegt bei 69 kcal und Sekt bringt es auf stolze 76 kcal. Zu den Spitzenreitern gehören die bekannten Partygetränke wie Alcopops mit 100 kcal, Caipirinha mit 144 kcal und Mai Tai mit 180 kcal. Schnaps setzt mit 213 kcal noch einen drauf und Pina Colada klettert mit 240 kcal pro 100 ml auf einen Rekordwert. Kein Wunder also, dass Alkohol zum Dickmacher und Figurkiller erklärt wird. Und als wäre das nicht genug, stoppt er auch noch den Fettabbau und sorgt zusätzlich für Heißhunger. Der wird dann nicht selten im nächsten Fastfood-Restaurant gestillt. Was für eine Schnapsidee, finden Sie nicht auch?

**Extratipp**

Übrigens gibt es mittlerweile zahlreiche Apps, die dabei helfen können, den Alkoholkonsum besser in den Griff zu bekommen: vom Trinktagebuch über Gesundheitscoaching bis hin zum Trink-Tracker. Da gibt es zum Beispiel die App »Sober Grid« (was so viel wie »nüchternes Raster« bedeutet). Sie funktioniert wie ein soziales Netzwerk, in dem sich Gleichgesinnte vernetzen und austauschen. Es ist übrigens kein Zufall, dass Menschen bei diesen doch sehr sensiblen Themen gerne auf neue Techniken zurückgreifen, weil sie dabei anonym bleiben und ausprobieren können, was ihnen am besten hilft.

Zu Beginn dieses Ratgebers haben Sie es bereits ausprobiert: eine Woche ohne Alkohol. Wie ist es Ihnen ergangen? Legen Sie in Zukunft ruhig öfter eine solche Trink-Fastenzeit ein, es würde Ihnen gut tun.

Das Wort »fasten« kommt vom Adjektiv »fest«. In diesem Zusammenhang können Sie sich also fragen, wie gefestigt Sie selbst sind. Können Sie den Versuchungen im Alltag widerstehen und unverkrampft »Nein« sagen, wenn es darauf ankommt? Fastenzeiten sind eine tolle Gelegenheit, dies herauszufinden und speziell zu üben. Gelegentlicher oder langfristiger Verzicht hat Vorteile: Sie entscheiden sich bewusst und freiwillig zu einer Pause. Das entlastet Körper und Geist. Sie entdecken womöglich neue Seiten an sich. Sie loten Ihre Möglichkeiten und Grenzen aus. »Wie weit kann ich gehen? Und wozu bin ich fähig?« Sie erforschen auch Ihr besonderes Verhältnis zum Alkohol. Die Fastenzeit ist eine Zeit der Besinnung. Vielleicht nutzen Sie sie für eine Neuorientierung, treiben mehr Sport oder stellen Ihre Ernährung um. Entscheiden Sie selbst, wie lange Ihr individuelles Fasten dauern soll, wann Sie damit beginnen und wie Sie es »brechen« wollen. Das Fastenbrechen kann tatsächlich eine Herausforderung werden. Ihr Körper reagiert höchstwahrscheinlich sensibel auf das erste alkoholische Getränk, was Sie sich zu Nutze machen sollten. Vermutlich spüren Sie gleich nach ein paar Schlückchen Wein oder Bier, wie wenig Sie jetzt vertragen. Und vermeiden Sie bloß den sogenannten Belohnungsdrink für das angeblich starke Durchhaltevermögen. Dies führt sonst zu falschen neuronalen Verknüpfungen (Alkohol als Belohnung = positiv).

## 24 Bauen Sie Stress ab

Wir trinken Alkohol nicht nur, um unserer Entspannung etwas nachzuhelfen oder den Abend lustig zu stimmen, sondern oftmals auch, wenn und weil wir gestresst sind. Leider lässt sich Stress im Alltag nicht vermeiden. Stress ist nicht nur eine Domäne der Arbeit, auch kein Phänomen der Moderne, sondern betrifft uns alle zu jeder Zeit an jedem Ort. Unsere steinzeitlichen Vorfahren reagierten auf Stress meist mit Kampf oder Flucht! Aber was können wir heute tun? Für viele ist es heute am einfachsten, Ärger, Kummer und Frust schnell mal im Alkohol zu ertränken. Als Notlösung mag das plausibel erscheinen! Einfach mal alles vergessen und schnell auf andere Gedanken kommen – das hat sicher jeder schon einmal gemacht. Aber das bringt auf Dauer nicht viel. Besser ist es, rechtzeitig zu lernen, mit dem Problem und den damit verbundenen negativen Gefühlen so gut wie möglich umzugehen. Das kann uns neben der achtsamkeitsbasierten Methode (siehe auch Abschnitt »Meditieren gegen die Trinklust«) wunderbar mit der progressiven Muskelentspannung gelingen. Zum Beispiel mit der »Becker-Faust« (tatsächlich bekannt geworden durch den ehemaligen Tennisspieler Boris Becker). Der Stressabbau mit der geballten Faust geht auf die progressive Muskelentspannung nach Jacobson zurück. Hierbei erfolgt eine Spannungsverschiebung durch Konzentration und Übertragung auf die geballte Faust. Durch das Öffnen der Faust wird gleichzeitig eine ganzkörperliche Entspannung erreicht. Diese Methode kann in allen kritischen Situationen angewandt werden, wenn der Druck wieder einmal zu groß wird.

## 25 Werden Sie Teesommelier

Was ist die »sensorische Besonderheit« eines Dornfelders oder Rieslings? Ist der Wein vollmundig, balanciert, adstringierend oder körperreich? Wie ist seine

Oberflächenspannung, bildet er »Tränen« und wie verhält sich der gute Tropfen im Nachhall? Haben Sie sich auch schon immer gefragt, wovon diese sogenannten Connaisseurs da eigentlich sprechen? Wenn Sie wirklich Experte auf einem Gebiet werden wollen, dann versuchen Sie es doch als Teesommelier mit wirklich spannenden Geschichten: Die Teekultur hat eine mindestens ebenso lange und interessante Tradition wie der Wein. Die Anfänge werden auf 3000 v. Chr. geschätzt, und im Mutterland China wurde schon relativ früh eine Teesteuer erhoben. Tee spricht alle Sinne an. Er fördert die Gesundheit und kann in Gesellschaft oder allein getrunken werden. Seine Zubereitung ist so vielfältig wie die Sorten und Arten, die es gibt. Genießen Sie Ihre Lieblingstasse Tee und erfahren Sie mehr über Herkunft, Anbau und Herstellung in den verschiedenen Regionen (z.B. Sri Lanka, China oder Kenia). Machen Sie eine Reise um die Welt und lernen Sie verschiedene Kulturen, Rituale und Zeremonien kennen: Tibetischer Buttertee, Tea Time auf britische Art oder Sado nach japanischem Ritual. In Russland kommt er aus dem Samowar, in der Türkei zapft man den zweiteiligen Çaydanlik. Und wussten Sie, dass die Ostfriesen jährlich mit rund 300 Litern pro Kopf zu den Trinkweltmeistern gehören? Sie merken schon, als angehender Teetrinker gehen Sie auf eine spannende Entdeckungsreise.

Eigentlich sollte man meinen, dass ein Gläschen am Abend die Nerven beruhigt und direkt in den Schlaf wiegt. Doch weit gefehlt! Der vermeintliche Schlummertrunk sorgt für unruhige Nächte. Zwar sind wir nach ein paar Schlucken Alkohol sofort müde, aber von einem nächtlichen Tiefschlaf kann keine Rede sein. Der Körper kann sich während der Bettruhe nicht richtig regenerieren, weil er damit beschäftigt ist, den Alkohol so schnell wie möglich abzubauen. Wachphasen durch Harndrang und gleichzeitigem Durst stören den Schlafrhythmus erheblich. Apropos Gehör - freuen Sie sich auf nächtliches Schnarchen! Die alkoholbedingte Verengung der Luftröhre macht aus Ihnen einen unangenehmen Musikanten. Ihr Partner (oder Ihre Zimmernachbarn) werden solche pfeifenden Dissonanzen sicher nicht gutheißen. Lassen Sie also abends lieber die Finger vom Glas und greifen Sie zu natürlichen Einschlafmitteln: Manchen hilft ein kurzer Spaziergang an der frischen Luft, andere lesen ein langweiliges Buch oder trinken einen Kamillentee. Auch kleine Veränderungen im Zimmer helfen: gedämpftes Licht, Stoßlüften, eine härtere Matratze, frische Bettwäsche und ein möglichst geregelter Tag-Nacht-Rhythmus.

# Keine Macht der Gewohnheit

**Viele Gelegenheiten verbinden wir automatisch mit Trinken - warum eigentlich? Gewöhnen Sie sich lieber andere berauschende Hobbys an.**

*Wir haben bereits darüber gesprochen: Es gibt Situationen, in denen gehört ein Glas Wein einfach dazu. Hinterfragt haben wir es bislang nie! Aber überdenken Sie das jetzt. Wollen Sie sich mit Alkohol ein bisschen entspannen, Stress vergessen oder Ihre Laune heben, machen Sie das doch stattdessen mal mit Meditation oder Musik - lassen Sie sich von folgenden alkoholfreien Methoden überraschen.*

Jeder hat sie, die ein oder andere unliebsame Gewohnheit, die man endlich gerne loswerden möchte. Zum Beispiel der oftmals unüberlegte Griff zum Alkohol. Fast regelmäßig fließt er abends, natürlich am Wochenende und bei Feiern sowieso! Gleichzeitig ist es wirklich ärgerlich, dass gerade die guten Vorsätze im Alltag einfach in Vergessenheit geraten. Wie ändern wir das? Nun, ein Patentrezept gibt es nicht. Wir können uns ablenken und uns mit anderen, neuen Dingen beschäftigen. Aber gerade beim Thema Alkohol wird es schwierig, wenn er uns doch überall begegnet. Neue Gewohnheiten lernen wir nur mit klarem Kopf und regelmäßiger Wiederholung. Aber zuerst müssen wir genau wissen, was wir wirklich wollen. Oft begleiten uns destruktive Denkmuster, also Ideen und Vorstellungen, die uns dabei wie Steine im Weg liegen. Sätze wie »Das liegt an meiner schwierigen Kindheit« oder »Das war schon immer so, da kann man nichts machen« bringen uns nicht weiter und doch sagen wir sie immer wieder. Sie engen den Blick ein, verfestigen eingefahrene Strukturen und werden uns gerade in Stresssituationen zur Falle. Verantwortung für jegliches Denken und Handeln kann man aber nur übernehmen, wenn man ganz und »trocken« bei sich ist. Wir machen uns die Welt, wie sie uns gefällt, richtig? Und das hat nichts mit Schöntrinken zu tun. Nüchterne Handlungsinitiative ist gefragt. Nur so schalten Sie endlich um von Autopilot zu Autonomie und verwandeln schlechte in gute Gewohnheiten.

## 28 Nutzen Sie die Macht der Musik

Musik geht unter die Haut und Klänge erzeugen Stimmungen, das wissen Sie nur zu gut, wenn Sie zum Beispiel an den letzten Krimi denken. Ein Leben ohne Musik ist kaum vorstellbar. Warum gewöhnen Sie sich nicht an, die Kraft der Klänge zu nutzen, um sich beispielsweise zu beruhigen, gute Laune zu erzeugen und natürlich Stress abzubauen?!? Singen statt saufen und trällern statt lallen. Im Abschnitt »Genießen Sie unvergessliche Abende« haben Sie bereits begonnen. »Aber ich bin doch so unmusikalisch«, denken Sie jetzt? Von wegen. Musik steckt uns allen in den Knochen und man stößt überall in der Natur auf sie. Bringen Sie sich in Schwingung! Vielleicht haben Sie mal Lust auf Chorgesang oder wollen in einer Band mitspielen? Es reicht aber auch, einfach mal unter der Dusche oder beim Lieblingssong im Auto mitzuträllern. Füllen Sie Ihren Körper mit Klang statt Klarem und lassen Sie sich auf die Musik ein. Schon eine Stunde Singen, so betonen Musiktherapeuten, wirkt sich positiv auf den ganzen Körper aus: Sie bewegen Kiefer, Bauch und Lunge und beeinflussen Ihre Körperhaltung positiv. Sie trainieren Ihre Stimmsicherheit und regen die Durchblutung an. Gleichzeitig bauen Sie das Stresshormon Cortisol ab und stärken Ihre Abwehrkräfte. Gemeinsames Musizieren bringt Menschen zusammen und fördert die Kommunikation – übrigens die gleiche Wirkung wie Alkohol, nur viel gesünder.

## 29 Verwenden Sie Gläser und Flaschen mal anders

Wohin mit all den schönen Weingläsern, wenn man weniger oder gar keinen Alkohol mehr trinkt? Keine Sorge, es gibt viele kreative Möglichkeiten, sie anderweitig zu verwenden, zum Beispiel als Dekoration: Füllen Sie die hübschen Gläser mit bunten Kieselsteinen, getrockneten Blumen oder anderen dekorativen Gegenständen und stellen Sie sie in offene Regale. Das sieht vor allem im Esszimmer und in der Küche toll aus! Auch nicht schlecht: Weingläser eignen sich hervorragend für Desserts wie Pudding, Parfait, Eis oder Mousse Chocolat. Da die Gläser durchsichtig sind, können

Sie die verschiedenen Zutaten im Glas zu attraktiven Dessertkreationen schichten. Das Auge isst schließlich mit. Wer noch leere Weinflaschen hat, kann sie als Kerzenständer verwenden. Spitzkerzen oder konische Kerzen eignen sich dafür besonders gut! Und natürlich kann man Weingläser auch mit Teelichtern dekorieren. Das schafft eine gemütliche Atmosphäre. Und tolle Lichteffekte zaubern Sie, wenn Sie die Gläser zusätzlich mit feinem Sand oder Kieselsteinen füllen. Denken Sie daran, dass Sie die Weingläser auch verschenken können, wenn Sie selbst keine Verwendung für sie haben. Vielleicht freut sich jemand anderes über das schöne Geschirr. Selbstverständlich können Sie auch weiterhin selbst aus den Gläsern trinken - Sie können sich Säfte, Limonaden, Eistee, Smoothies oder Wasser mit frischen Früchten oder Kräutern einschenken (einige alternative Trinkideen finden Sie weiter hinten in diesem Buch).

## 30 Tanzen Sie sich in Trance

Gewöhnlich gehören Tanzengehen und Alkoholtrinken für viele Menschen zusammen. Das ist schade, denn die Tanzfläche lässt sich gerade bei Nüchternheit am besten erobern und der Rhythmus bringt Sie nach einer gewissen

Zeit in Trance - auch ohne die Unterstützung von Alkohol! Schwingen Sie Ihr Tanzbein einmal nüchtern über die Fläche, auch wenn es anfangs ungewohnt erscheint und etwas mehr Mut erfordert. Tasten Sie sich langsam an den Beat heran und lassen Sie sich vom Rhythmus ergreifen, mitreißen und berauschen. Sollten Sie zu der Gruppe Menschen gehören, die sich ihren Tanzmut erst antrinken muss, üben Sie vorher ruhig zu Hause mal alleine vor dem Spiegel, ehe Sie sich in den nächsten Club wagen. Tanzen will - wie alles andere auch - gelernt sein. Werfen Sie zur Inspiration einen Blick auf die Kultfilme »Dirty Dancing«, »Flashdance«, »Fame« oder »Footloose«. Moderne Varianten sind zum Beispiel »Step Up«, »Honey«, »Safe the last Dance« oder »Black Swan«. Aber auch Tanz-Choreografien im Internet sollten Sie sich anschauen. Klappt es mit dem tänzerischen Selbstbewusstsein nicht immer sofort, tauchen Sie erst einmal in die tanzende Masse ein und lassen Sie sich einfach treiben. Fehltritte fallen hier kaum auf. Wichtig ist nur, dass Sie sich nicht verunsichern lassen, sondern Spaß dabei haben. Es gibt schließlich nicht den richtigen Move, höchstens das falsche Outfit. Garantiert aber werden Sie die Fläche nüchtern so schnell nicht wieder verlassen - ohne Alkohol im Blut halten Sie länger durch und machen sich bald einen neuen Namen als Dancing Queen (oder King)! Wenn Sie dadurch ein neues Talent entdecken, probieren Sie es doch mal mit einem richtigen Tanzkurs.

## 31 Nutzen Sie endlich den Sonntag

Stellen Sie sich vor, Ihr Montagmorgen beginnt in bester Laune, motiviert und gut erholt. Sie fahren fröhlich und pfeifend zur Arbeit und starten vergnüglich in die Woche. Das klingt utopisch? Aber nicht doch, denn Sie können Ihren Wochenstart beeinflussen, indem Sie Ihr Wochenende vollends ausschöpfen, statt verkatert auf dem Sofa rumzulungern. Gönnen Sie sich ein richtig langes Wochenende für Aktivitäten, Sport und zum Entspannen. Und das geht natürlich am besten, wenn Sie möglichst auf Alkohol verzichten. Die meisten klagen ja über ein viel zu kurzes Wochenende. Kein Wunder, wenn sie im Grunde nur einen Tag wirklich nutzen und den Rest der Zeit ausnüchtern müssen. Der Samstagabend war zwar lustig, aber den Sonntag verbringen Sie dann träge im Pyjama auf der Couch, lustlos vor dem Fernseher, und das vermutlich mit tierischen Kopfschmerzen und einer fiesen Magenverstimmung. Den Tag können Sie also eigentlich komplett vergessen - ziemlich schade! Hätte man am Abend zuvor auf das Extrabier verzichtet, könnte man heute endlich früher aus dem Bett hüpfen, einer lang geplanten sportlichen Tätigkeit nachgehen, dem Liebsten ein Frühstück zaubern und einen ganztätigen Ausflug planen. Stattdessen ärgert man sich, dass es wieder so spät geworden ist, man beklagt das Unwohlsein und schwört sich, »nie wieder etwas zu trinken!«. Verzichten Sie doch mal auf Alkohol und kommen Sie endlich in den Genuss eines langen Wochenendes.

## 32 Schöpfen Sie aus Ihrer inneren Kraft

Viele Menschen missbrauchen Alkohol als vermeintliche Inspirationsquelle. Sie versprechen sich durch den Konsum einen wahren Kreativitätsschub. Das mag ja gelegentlich gelingen. Schließlich wissen wir, dass Alkohol enthemmt, auflockert und stimuliert. Langfristig jedoch wird unsere Stimmungslage vom Alkohol abhängig und die Dosis muss nach und nach erhöht werden. Verlassen Sie sich besser nicht auf ihn, sondern suchen Sie Ihre kreative Ader stattdessen bei sich selbst. Ihre eigene Quelle ist bekanntlich unerschöpflich und in jedem verankert. Doch wo genau suchen wir sie, woher kommt sie und wie können wir sie praktisch anzapfen? Kraftquellen erschließt man sich durch bewusste Aufmerksamkeitslenkung, innere Ruhe und mentales Training. Das hat nichts mit Esoterik oder Psychotricks zu tun. Betrachten Sie es vielmehr als eine Art Tankstelle für Ihren Geist, indem Sie sich ausreichend Zeit für Entspannung und Besinnung nehmen, Ihre Gedanken sortieren und tief in sich hineinhorchen. Mithilfe gewisser Techniken wie Yoga, Autogenes Training oder Meditation lassen sich diese inneren Kräfte, die Sie für den kreativen Prozess benötigen, ausfindig machen. Dazu brauchen Sie vor allem Ruhe und Geduld. Konditionieren Sie Ihre Gedanken auf das erstrebenswerte Ziel, geben Sie Ihrem Unterbewusstsein den Auftrag, dann kommt das Ergebnis schon bald von alleine und wie von selbst. Vertrauen Sie nur darauf. Und vor allem: Vertrauen Sie auf sich und auf Ihre Stärken.

## 33 Meditieren Sie gegen die Trinklust

Meditation ist ein bewährtes Mittel gegen Stress und Alltagsprobleme. Sie besteht aus einer formellen und einer informellen Praxis: Zum einen zieht man sich dafür bewusst zurück und klinkt sich aus dem Alltagsgeschehen aus, um einige Minuten der Reflexion und Besinnung für sich zu nutzen. Dies können Sie regelmäßig machen, um eine gewisse Routine zu bekommen. Die zweite Form der Meditation ist völlig in den Alltag integriert: Bewusstes Kochen, achtsamer Abwasch und ständige Konzentration auf den gegenwärtigen Moment. Die meditative Praxis versetzt Sie in eine Art Beobachterrolle. Neuronale Hirnscans bestätigen die Wirkung: Regelmäßiges Meditieren hilft nachhaltig gegen Stress, Unruhe und bei persönlichen Problemen. Schaffen Sie einen gesunden Ausgleich zum Alltag und entspannen Sie sich. Üben Sie sich in meditativer Versenkung, indem Sie sich und das momentane Szenario mit Abstand betrachten, Ihr Gedankenkreisen analysieren und lernen, bewusst loszulassen. Wer oder was ist verantwortlich für den Stress, das Unwohlsein, die schwierigen Emotionen? Und während Sie allmählich die Lage entschärfen, ohne dabei zu bewerten, stellt sich fast automatisch Ruhe und Gelassenheit ein. Der Alkohol wird schließlich überflüssig, wenn Sie sich entspannen wollen. Nutzen Sie Meditation gegen die Trinklust! Kommt dann die nächste stressige oder kritische Situation, in der Sie normalerweise Alkohol zur Hilfe holen, suchen Sie sich stattdessen schnell ein lauschiges Plätzchen und meditieren Sie das Problem einfach weg.

## 34 Hüten Sie sich vor neuen Suchtsümpfen

Oftmals sind bestimmte Süchte mit dem Konsum anderer Substanzen gekoppelt. So kann der Verzicht auf Alkohol auch das Zigarettenrauchen eindämmen, weil das eine mit dem anderen manchmal einhergeht. Allerdings kann eine Alkoholabstinenz im Gegenteil ein anderes, neues Verlangen wecken, manchmal sogar schleichend und unbewusst. So erwischt man sich plötzlich beim ständigen Futtern, wird zum Koffeinjunkie oder greift ständig zur Zigarettenschachtel. Werden Sie sich dieser Tatsache bewusst und steuern Sie rechtzeitig dagegen an. Viele alkoholfreie Getränke entpuppen sich zudem als wahre Zuckerfallen. Zwar sparen Sie sich einige Kalorien durch den Verzicht auf Alkohol (Tipp »Tun Sie Ihrem Körper etwas Gutes«), aber vermutlich kommen bei Ihnen jetzt viel mehr süße Produkte auf den Speiseplan. Kandiszucker im Chai, Sirup in die Schorle oder süße Sahne im Kakao. Damit Sie jetzt nicht von einer Sucht in die andere stolpern, empfiehlt es sich, genauestens hinzuschauen und zuckerhaltige Lebensmittel mit einer gesünderen Alternative zu ersetzen: Verwenden Sie bei Bedarf Xylit oder Stevia zum Süßen von Getränken und Speisen. Getrocknete Datteln ersetzen das Stück Kuchen und frische Früchte und Beeren reichen als süße Zutat in Schorlen völlig aus (mehr hilfreiche Tipps rund um den Süßhunger Sie auch im Zuckersucht-Killer, der bei TRIAS erschienen ist).

**Extratipp**

Wenn Alkohol also wirklich zu etwas zu gebrauchen ist, dann doch vor allem als wohlriechendes Parfüm, pflegendes Rasierwasser, effektives Aftershave, wirksames Desinfektionsmittel, als Nagellackentferner, als Brenn-, Treib- und Farbstoff, vielleicht noch als Mundwasser, Konservierungsmittel oder als Hustensaft.

## 35 Nehmen Sie sich die Celebrities zum Vorbild

Mit Ihrem »Nein« zu Alkohol stehen Sie nicht alleine da. Auf Alkoholisches verzichten liegt im Trend: Jennifer Lopez, Drew Barrymore, Kate Moss, Naomi Campbell, Leona Lewis, Lana Del Rey, Lucy Hale, Katy Perry, Miley Cyrus, Christina Ricci, Kim Kardashian, Natalie Portman und Michelle Hunziker greifen lieber zum Wasserglas statt zu Hochprozentigem. Das sei nicht nur »gut fürs Aussehen«, sondern sorge auch für eine schlanke Linie. Und auch die Männerwelt trinkt lieber »Mocktails« (eine neue Wortkombination aus »Cocktail« und dem Begriff »to mock«, was so viel bedeutet wie »nachahmen, vortäuschen«). So lassen David Beckham, Jim Carrey, Karl Lagerfeld († 2019), Liam Neeson, Colin Farrell und Daniel Radcliffe die Finger von Schnaps und Co. Paradoxerweise verzichten gerade die Stars und Sternchen auf Alkoholisches, die auf der Leinwand ordentlich bechern: Bradley Cooper (aus dem Film »Hangover«), Gerard Butler (kennen wir aus »300«), Eva Mendes (»Fast & Furious«) und Freddie Frinton (der betrunkene Kellner aus »Dinner for One«). Sehen Sie, es ist gar nicht so ungewöhnlich, sein Sektglas gegen ein Glas sprudeliges Wasser einzutauschen. Sie gehören mit Ihrer Entscheidung bereits zu den Trendsettern.

## 36 Fragen Sie den Experten

Vor wenigen Jahren gab die Weltgesundheitsorganisation (WHO) noch eine Empfehlung heraus, wie viel Gramm Alkohol ein Mann oder eine Frau bedenkenlos zu sich nehmen kann. Heute distanziert sie sich von diesen Berechnungen! Nach heutigem Wissensstand (2023) »gibt es keine gesundheitlich unbedenkliche Menge«. Das ist eine krasse Aussage, die so noch nie gemacht wurde, und wahrscheinlich hat sie damit völlig Recht! Alle 10 Sekunden stirbt weltweit ein Mensch an den Folgen von Alkohol (vor allem in der Altersgruppe der 20- bis 39-Jährigen). Mehr als 13% aller Todesfälle werden laut WHO mit Alkohol in Verbindung gebracht. Die 1948 gegründete Sonderorganisation der Vereinten Nationen für öffentliche Gesundheit mit Sitz in Genf weist darauf hin, dass nicht das alkoholische Getränk (also egal ob Wodka, Champagner oder Hefeweizen) das Problem ist, sondern der Alkohol selbst. Er sei giftig, psychoaktiv und mache abhängig. Alkohol soll sogar für eine Reihe von Krebsarten verantwortlich sein, und das Risiko beginnt leider schon mit dem ersten Tropfen. Der Ton in Bezug auf unseren Alkoholkonsum hat sich in den letzten Jahren deutlich verschärft. Wo früher noch von einem möglichen unbedenklichen Maß die Rede war und dem Alkohol sogar positive Wirkungen wie die Senkung des LDL-Cholesterins, die Vorbeugung von Thrombosen oder die Steigerung der Insulinempfindlichkeit in den Zellen (und damit die Vorbeugung von Altersdiabetes) zugeschrieben wurden, wird heute deutlich zurückgerudert und sogar gewarnt! Die WHO betont, dass es keine Studien gibt, die mögliche positive Wirkungen von Alkohol belegen. Er ist weder gut für das Herz noch hilft er gegen Diabetes. Alkohol ist und bleibt ein Zellgift und schon kleinste Mengen schaden der

Gesundheit. Vor allem die Leber leidet unter dem Alkoholkonsum. Sie ist Entgiftungsexperte und hat die Aufgabe, den Alkohol so schnell wie möglich abzubauen. Das ist ganz schön anstrengend! Pro Stunde baut sie gerade Mal 0,1 Promille ab. In dieser Zeit sind alle anderen Stoffwechselvorgänge erst einmal lahm gelegt. Gute Nährstoffe, z.B. aus einem leckeren Essen, stehen jetzt im Stau. Unsere Leber hasst Multitasking! Sie ist gut organisiert und lässt sich ungern aus der Ruhe bringen. Schließlich trägt sie große Verantwortung dafür, dass wir optimal mit Zucker, Vitaminen, Fetten und Eiweiß versorgt sind. Lassen Sie also »keine Laus über die Leber laufen«, d.h. verärgern Sie Ihre Leber nicht ständig mit unnötiger Entgiftungsarbeit.

Wenn Sie also professionelle Hilfe benötigen oder noch offene Fragen haben, können Sie sich zum Beispiel an die Beratungsstellen in Ihrer Stadt wenden. Mittlerweile gibt es über 7.000 Beratungsstellen in ganz Deutschland. Erste Anlaufstellen sind

- Arbeiterwohlfahrt: https://awo.org/suchtberatung
- die Bundesstiftung Sucht: www.die-suchthilfestiftung.de
- der Selbsthilfeverband der Anonymen Alkoholiker: www.anonyme-alkoholiker.de

# Alkoholfreie Drinks

**Ob alkoholfreies Bier, Wein oder Cocktails mit null Promille - alkoholfreie Getränke gibt es in Hülle und Fülle - gesund und lecker.**

*Keine Ausreden mehr! Es gibt so viele tolle Alternativen, die man einfach gegen das Glas Alkohol eintauschen kann. Natürlich ist aller Anfang schwer, vor allem, wenn man jahrelang nichts anderes gewohnt war. Wagen Sie es trotzdem. Hier ein paar geniale Drinks.*

Auf den ersten Blick scheinen sich Alkohol ($C_2H_5O$) und Wasser ($H_2O$) in ihrer molekularen Zusammensetzung kaum zu unterscheiden. Beide bestehen aus den Elementen Wasserstoff (H) und Sauerstoff (O). Beide Stoffe sind klar und durchsichtig und haben definitiv eines gemeinsam: Sowohl Wasser als auch Alkohol sind allgegenwärtig und aus unserer Gesellschaft kaum wegzudenken. Doch hier trennen sich auch ihre Wege: Auf Alkohol können wir gänzlich verzichten, aber Wasser ist lebensnotwendig! Das wird einem schnell bewusst, wenn man plötzlich Durst verspürt. Unser Körper besteht zu 70 Prozent aus Wasser (unser Gehirn sogar zu 85 Prozent) und wir benötigen über den Tag verteilt etwa 2,5 Liter Flüssigkeit. Wir schwitzen täglich bis zu einem Liter Wasser aus, bei hohen Temperaturen oder körperlicher Anstrengung auch mehr. Dementsprechend müssen wir immer wieder nachtanken. Natürlich nicht in Form von Bier oder Radler, sondern mit Wasser oder Tee. $H_2O$ ist unser Sprit, wir brauchen es zum Denken und Funktionieren. Es verwundert also nicht, wenn Wasser als der »neue Wein« gefeiert wird. Und welcher Kraftstoff darf's bei Ihnen sein - klassisch, medium oder still? Quell- oder Tafelwasser?

Fluoridhaltig oder natriumarm? Aus der Leitung, der Flasche oder direkt aus der Quelle?

## 38 Machen Sie aus Ihrer Hausbar eine Fruchtoase

Wenn Sie stolzer Besitzer einer schicken Hausbar sind, dann planen Sie die nächste Sause doch mal alkoholfrei. Verstauen Sie die letzten Tropfen im Keller und verwandeln Sie Ihre Theke in eine wahre Fruchtoase. Das Auge »trinkt« mit: Die Minibar füllen Sie beispielsweise mit Limo, Wasser und frischen Säften auf und dekorieren Sie die Theke wie eine Strandbar auf Hawaii. Beim Mixen sind keine Grenzen gesetzt: Den Traubensaft servieren Sie im Weinkelch und den frisch gepressten Limettensaft schlürfen Sie aus dem Martiniglas. Aber auch mehrfarbige Kreationen aus Ananassaft, Kokosmilch, Apfelmus und Soda sind fruchtig frisch und superlecker. Der Vorteil Ihrer neu ausgestatteten Hausbar: Sie können gleich morgens, sofort nach dem Aufstehen, mit dem Trinken beginnen, ohne dabei ein schlechtes Gewissen zu haben. Schieben Sie einfach noch Ihre Espresso-Maschine aus der Küche dazu und schon macht das Aufstehen doppelt Spaß.

## 39 Trinken Sie sich grün statt blau

Grün, grün, grün ... sind alle meine Mixgetränke - und diese sind alles andere als alkoholisch! Haben Sie schon mal Salate und Kräuter in den Mixer gesteckt? Bekennen Sie Farbe und probieren Sie es aus: Rucola, Petersilie, Brokkoli, Spinat, Kiwi, Kürbis, Pfefferminze oder Salatblätter, dazu ein frischer grüner Apfel, Limette, Zuckerschoten, Birne oder etwas Ananassaft. Strecken Sie das Ganze mit 1/2 Liter Wasser und pürieren Sie die Zutaten so lange, bis Sie einen dickflüssigen Saft erhalten.

Grünes Licht gibt's auch bei Weintrauben, Lauch, Aloe Vera, Honigmelone oder Avocado. Auch wenn der Geschmack zunächst gewöhnungsbedürftig ist, vor allem wegen der Bitterstoffe - grünes Obst und Gemüse enthält besonders viele sogenannte Antioxidantien und viel Vitamin B. Das ist nicht nur eine tolle Alternative zum Alkohol, sondern wirklich etwas fürs Auge! Stärken Sie Ihr Immunsystem und bringen Sie Ihren Kreislauf so richtig in Schwung. Auch als Eisen- und Folsäurelieferant sind die grünen Pflänzchen unterwegs. Na, ist bei Ihnen auch schon alles im grünen Bereich?

## 40 Probieren Sie es mal mit Milchshakes

Wenn Sie dem Alkohol öfter mal den Rücken kehren und stattdessen etwas für Ihren Rücken tun wollen, zum Beispiel mehr Sport treiben und Ihre Fitness verbessern, dann sollten Sie unbedingt auch des Sportlers Leibgetränk kennenlernen: Coole Milchshakes - natürlich geschüttelt, nicht gerührt. James Bond, der bei seinen Ermittlungen bekanntlich viel trinkt (bis zu 900 ml reinen Alkohol in einer Woche), wäre neidisch. Denn Milchshakes machen durch ihren hohen Eiweißgehalt richtig satt und sorgen für tolle

Muskeln. Geben Sie 300 ml Milch (alternativ 250 g Naturjoghurt oder einen Becher Buttermilch) eine Banane und etwas Vanille (verwenden Sie dafür bestenfalls echte Vanille aus der Schote) in ein Glas. Pürieren Sie alles miteinander und lassen Sie ruhig den Zucker weg oder ersetzen ihn durch alternative Süßungsmittel! Stimmungshebend wird's mit einem Schuss Zitronen- oder Orangensaft, karibisch mit Kokosmilch oder Maracujasaft und belebend mit Kaffee, Guarana oder Kakao. Genauso wie man Alkohol problemlos weglassen kann, gibt es auch für Veganer und Menschen mit Laktoseintoleranz gute Milchalternativen: Einfach die gleiche Menge Milch und Joghurt durch Soja-, Hafer- oder Reismilch ersetzen. Mandel-, Roggen- oder Haselnussmilch sorgen für einen erdigen Geschmack. Achten Sie darauf, täglich ca. 1 g Eiweiß pro kg Körpergewicht zu sich zu nehmen (Sportler sogar doppelt so viel). Zur Abwechslung können Sie auch Haferflocken, gemahlene Nüsse, Leinsamen oder gepufften Quinoa in den Shake geben.

Das schön schaumige Ergebnis erzielen Sie entweder mit einem geeigneten Mixer oder gleich mit Ihrer neuen Muskelkraft im dicht verschlossenen Frischhaltebecher. Je nach Außentemperatur geben Sie noch gecrashtes Eis ins Glas und auf geht's, shake it!

# 41 Greifen Sie zu alkoholfreien Shots

Der »Absacker« oder »Digestif« als Verdauungsschnaps hat sich bei uns eingebürgert, genauso wie der Aperitif vor dem Essen. Man greift zu Kräuterbitter, Pflaumenschnaps oder klaren Spirituosen, um das unangenehme Völlegefühl nach einem üppigen 3-Gänge-Menü zu mildern. Greifen Sie lieber zu einer alkoholfreien Alternative. Am besten aber Sie kommen nach einer großen Mahlzeit wieder in Bewegung und machen einen ausgiebigen Verdauungsspaziergang. Wenn Sie nach einer üppigen Mahlzeit einen Durchhänger haben oder eine Party planen, bei der Aperitifs und Shots nicht fehlen dürfen, gibt es hier einige leckere Alternativen: »Kurze« (in der Regel ein 2-cl- oder 4-cl-Glas) aus Sanddorn-, Limetten- oder Zitronensaft. Probieren Sie auch Brombeer-, Johannisbeer- oder ungesüßten Cranberry-Muttersaft. Direktsäfte sind wegen ihres säuerlich-herben Geschmacks echte Muntermacher. Und bei Magenproblemen hilft vielleicht ein frisch gekochter Ingwertee. Schälen Sie den Ingwer, schneiden Sie ihn in kleine Stücke und übergießen Sie ihn mit heißem Wasser. Je länger Sie den Tee ziehen lassen, desto besser wirkt die Knolle.

**Extratipp**

Wir kennen die Cranberry vor allem aus amerikanischen Filmen, in denen Thanksgiving mit reichlich Cranberrysauce gefeiert wird. Die pinke Beere, deren Staubfäden der Blüte an den Schnabel eines Kranichs erinnern (Kranich, »crane«), erobert aber auch unsere Backstuben. Sie schmeckt getrocknet etwas herb und ist somit eine tolle Alternative zu den üblichen Rosinen. Außerdem soll sie bei Durchfall helfen und Blasen- und Harnproblemen vorbeugen. Stoßen Sie doch das nächste Mal mit einem alkoholfreien Pink Dream (aus Sodawasser, Cranberry und anderen roten Früchten) an - sehr gesund und lecker.

## 42 Nehmen Sie Kräutertee statt Kräuterschnaps

Dass Schnaps nicht wirklich verdauungsförderlich ist, wissen Sie ja jetzt. Der darin enthaltene Alkohol wirkt sich eher negativ auf den Körper aus. Als Aperitif vor dem Essen macht er hungrig, weil der enthaltene Zucker (Glukose) den Blutzuckerspiegel in die Höhe treibt und so den Appetit anregt.

Außerdem lähmt Alkohol die Verdauungsmuskulatur und verzögert die natürliche Entleerung des Magens - also keine gute Wahl nach dem Essen. Wenn hier also etwas hilft, dann sind es wohl eher die Kräuter im Schnaps. Warum also nicht gleich zur Kräuterküche übergehen. Schließlich schwört auch die Traditionelle Chinesische Medizin (TCM) seit Jahrtausenden auf die heilende Wirkung von Kräutern: Tees aus Kümmel, Fenchel oder Bohnenkraut sorgen dafür, dass Ihre »Qi« (Lebenskraft) im ganzen Körper zum Fließen gebracht wird. Bringen Sie Ihre Energiesäfte in Schwung mit einer selbst zusammengestellten Kräutermischung, zum Beispiel aus 40 g Kümmelsamen, 20 g Koriandersamen, 20 g Fenchelsamen und 2 Stück Anissterne. Oder Sie wählen einfach die schnelle Variante in Form von abgepackten Teebeuteln aus dem Supermarkt. Das geht natürlich auch gut. Auch in der indischen Ayurveda-Lehre spielt Tee eine große Rolle: Pitta-Tee wirkt ausgleichend (= Minze, Jasmin, Rosenblüten), Vata entspannend (= Orangenblüten, Südholz, Zimt) und Kapha anregend (= Ingwer, Gewürznelken, Safran).

Und hier noch ein paar Tipps aus dem gesunden Kräutergarten:

- Baldrian und Beruhigung werden fast in einem Atemzug genannt. Nach einem stressigen Tag ist Baldriantee die beste Wahl. Er hilft auch bei Schlafstörungen, Nervosität und Gereiztheit.

- Melisse riecht nicht nur frisch, sondern beruhigt auch die Nerven und nimmt das Verlangen nach Alkohol. Durch das Reiben der Blätter entsteht ein angenehmes Frischearoma.

- Erfrischung und eine gewisse Coolness bringt Minze. Sie verfeinert nicht nur jeden Drink im Glas, sondern hat auch heilende Wirkung auf Magen und Darm und sorgt für einen kühlen Kopf.

- Schon die alten Ägypter schworen auf die »Blume der Sonne« - die Kamille. Auch hierzulande ist sie die beliebteste Heilpflanze und ein echter Allrounder: Sie wirkt zum Beispiel bei Entzündungen im Mund- und Rachenraum, bei Krämpfen, Zahnschmerzen oder Darmbeschwerden.

- Salbei wiederum schmeckt sehr intensiv, aber mit einem Schuss Honig/ Stevia im Tee sind Heiserkeit,

Halsschmerzen oder auch Probleme mit den
Schweißdrüsen schnell verschwunden.

- Und vor allem Fenchel ist ein echter Katerkiller. Er hilft
nicht nur bei Verdauungs- und Schlafproblemen,
sondern auch gegen Kopfschmerzen, Heiserkeit und
Abgeschlagenheit am Morgen danach.

# 43 Greifen Sie nach der Erfrischung vom Himmel

Dem Hawaiianer ist wohl schon oft »etwas vom Himmel gefallen«. Und zwar die Kokosnuss! Denn wie sonst käme sie zu dem außergewöhnlichen Namen »Noelani«, was so viel wie »Frische vom Himmel« bedeutet. In Brasilien gilt sie als Nationalgetränk, aber auch bei uns landet das Kokosgetränk nach und nach in den Regalen der Supermärkte. Kokoswasser ist das Fruchtwasser einer jungen (noch grünen) Kokosnuss und das Szenegetränk schlechthin (nicht zu verwechseln mit der fettreichen und dickflüssigen Kokosmilch, die aus dem Fruchtfleisch einer reifen, also braunen Kokosnuss gewonnen wird). Das Kokosgetränk wiederum hat nur 16 Kalorien (pro 100 g), wenig fruchteigenen Zucker, dafür aber jede Menge Mineralstoffe. Kokoswasser fasziniert nicht nur Sportler, sondern eignet sich auch als geniales Partygetränk, mit dem man sich sehen lassen kann. Denn mittlerweile gibt es den Kokosdrink (für ca. 2 Euro) im praktischen Trinkpäckchen und in allen größeren Supermärkten, Bioläden, Reformhäusern und Drogerien. Besonders gut schmeckt die himmlische Erfrischung eisgekühlt mit einem Strohhalm und aus dem Martini-Glas.

# 44 Machen Sie sich einen »kleinen Nassen«

Den wohl bekanntesten und ältesten Longdrink Kubas hat wohl jeder schon einmal probiert. »Mojito« heißt übersetzt »der kleine Nasse«, abgeleitet von »mojar«, was in etwa »nass werden« bedeutet. Erstmals erwähnt wurde der Drink schon im 16. Jahrhundert, ihm wurden magische Wirkungen zugesprochen. Ernest Hemingway (1899-1961) jedenfalls war von seiner Wirkkraft angetan, die vermutlich aus der frischen Limette und den getrockneten Minzblättern ausgeht. Zaubern Sie sich doch gleich Ihren eigenen (am besten alkoholfreien) kleinen Nassen, indem Sie Sodawasser mit 2,5 cl Limettensaft mischen und etwa 6-8 Minzblätter, 2 TL Rohrzucker (alternativ besser Xylit oder Stevia) und ein paar Eiswürfel dazugeben. Frische Minze erhalten Sie auf lokalen Märkten, im türkischen oder marokkanischen Lebensmittelladen oder in Teehäusern. Es gibt übrigens über 600 Minzsorten, viele davon lassen sich sogar im eigenen Garten oder im Topf auf dem Balkon züchten. Wenn Sie die Minze direkt vor der Tür haben, wird der kleine Nasse - vor allem im Sommer - bestimmt Ihre Lieblingsabkühlung.

# 45 Wie wäre es mit Cocktails für einen klaren Kopf?

Spätestens seit 2010 ist der spritzige Cocktail aus Südtirol namens »Hugo« auch bei uns in Deutschland angekommen. Es ist vor allem seine pinke Farbe, die durch den Saft des Holunders (alternativ auch Zitronenmelisse) entsteht, die uns begeistert. Aber woher kommt dieser Name? Reiner Zufall, beteuert jedenfalls der Erfinder. Ursprünglich aber ist Hugo ein altgermanischer maskuliner Vorname, der für »Verstand« und »denkender Geist« steht. Später hat sich Hugo dann zu Hubert, Hauke und Hugh weiterentwickelt. Zum Denken anregen können die Zutaten Holunder und Zitronenmelisse tatsächlich: Der Holunder ist hierzulande unter dem Namen Fliederbeerstrauch bekannt und blüht vor allem im Frühsommer. Wegen seines hohen Vitamin-C-Gehalts werden die Blüten und Beeren gerne zu Saft, Sirup, Tee oder Marmelade verarbeitet. Seine Blüten helfen bei vielen Beschwerden wie Fieber, Schlafstörungen, Schmerzen, bei Hautproblemen oder Müdigkeit. Die Zitronenmelisse wiederum beruhigt die Nerven, hilft bei Magen-Darm-Problemen und fördert die Konzentration. Schon im Mittelalter wusste man um ihre besondere Heilkraft und die Pflanzen gehörten in jeden

Klostergarten. Wenn Sie also mal wieder Inspiration oder einen klaren Kopf brauchen, wie wäre es mit einer selbstgemachten Erdbeer-Holunder-Bowle oder einem Zitronenmelisse-Pfefferminztee?

## Extratipp

Frisch gekühltes alkoholfreies Bier ist bei vielen Sportlern beliebt. Es ist nicht nur eine gute Alternative zu alkoholischen Getränken, sondern füllt durch die Kohlenhydratmischung auch den Wasser- und Mineralstoffspeicher wieder auf. Außerdem enthält es Magnesium, Kalium und Vitamin B. Doch Vorsicht: Nicht selten enthält alkoholfreies Bier neben Maltodextrin (Zucker) noch 0,5 Prozent Restalkohol. Das liegt daran, dass auch diese Sorte wie Bier gebraut werden muss. Durch den Gärungsprozess entsteht auch hier Alkohol. Schauen Sie immer auf das Etikett, wenn Sie wirklich ein alkoholfreies Getränk trinken wollen.

Keep cool und löschen Sie den Durst mit einem Mix aus Säften, mundgerechten Fruchtstücken und abgekühlten Tees. Verwenden Sie beispielsweise 100%ige Fruchtsäfte und mischen Sie diese mit Gewürztee (Chai), Ingwer-, Früchte- oder Grünem Tee. Auch der koffeinhaltige südamerikanische Matetee erfreut sich großer Beliebtheit. Der mineralstoffhaltige Schlankmacher kann heiß oder kalt getrunken und mit Milch oder Zitrone verfeinert werden. Zum Chai passen Gewürze wie Zimt, Vanille oder Chili. Nach dem Aufbrühen den Tee einige Minuten ziehen und abkühlen lassen. Danach können Sie ihn mit etwas Saft aufgießen. Kochen Sie am besten eine ganze Kanne auf, damit sich der Aufwand lohnt, und greifen Sie bei den Fruchtsäften nicht unbedingt zum süßen Nektar. Besonders ergiebig ist Muttersaft. Das ist der direkt nach der ersten Pressung gewonnene Saft. Direktsäfte werden naturbelassen gefiltert, ohne Zusatz von Zusatzstoffen, Zucker, Aromen oder künstlichen Vitaminen. Sie lassen sich aufgrund ihres hohen Fruchtanteils hervorragend strecken und schmecken natürlich und unverfälscht. Wenn es mal schnell gehen soll: Mineralwasser, etwas Saft, ein Stück Obst und etwas Minze (gerne auch aus dem

Teebeutel) zusammenmixen und schon hat man den ultimativen Cool-Down für heiße Sommertage.

## Extratipp

Das neue alkoholische Trendgetränk heißt heute Lillet (Vive). Dabei ist der französische Aperol gar nicht so neu: Schon Ende der 50er Jahre, James Bond hat es wieder einmal vorgemacht, wurde der Klassiker aus 85 Prozent Wein und 15 Prozent Fruchtlikör geschlürft. Jetzt wird er einfach wieder hervorgekramt und mit Tonic Water, Erdbeere, Minze und, ja, sogar dünnen Gurkenscheiben verfeinert. Heute ist vor allem Langsamkeit angesagt: Slow Food und natürlich Slow Drink: Probieren Sie Ihren Slow Drink zum Beispiel mit Ginger Ale, Cassis, Orangenscheiben, Waldbeeren und Eiswürfeln. Hübsch anzusehen ist das Ganze natürlich in einem Weinglas mit Strohhalm, Eiswürfeln und Rosenblättern. Probieren, genießen und feiern Sie das Leben: Viva la vie - der Sommer kann kommen!

Mit der Advents- und Weihnachtszeit verbinden die meisten Menschen vor allem Glühwein, Punsch, Grog und Feuerzangenbowle. Diese Heißgetränke müssen nicht unbedingt alkoholisch sein. Denn durch das Aufkochen werden die Getränke ohnehin warm. Alkohol als »Wärmequelle« ist also überflüssig. Kreieren Sie dieses Jahr doch Ihren eigenen natürlich alkoholfreien Glühwein mit ganz simplen Zutaten: Erhitzen Sie Trauben- oder schwarzen Johannisbeersaft mit ½ Liter Wasser und ein paar Scheiben Zitrusfrüchten (Grapefruit, Orange, Limette, Pampelmuse, Zitrone oder Mandarine) kurz im Kochtopf. Das Ganze würzen Sie mit ein paar Pfefferkörnern, Chiliflocken, Sternanis, Zimt, Kardamom und Gewürznelken. Lassen Sie die Mischung etwa 10 min. ziehen, und fertig ist Ihr X-Mas-Drink. Und wenn der Nikolaus schon »von draußen, vom Walde« kommt, dann bitten Sie ihn doch gleich, Ihnen ein paar frische Wildbeeren für Ihr Heißgetränk mitzubringen (alternativ können Sie auf die Variante aus der Gefriertruhe zurückgreifen). Das macht die Winterzeit gleich etwas gemütlicher. Und solche fruchtig-würzigen Kreationen haben gleich mehrere Vorteile: Sie wärmen von innen, sind

Vitaminbomben, kurbeln die Fettverbrennung an und geben Energie. Perfekt gegen den Winterblues, wenn die Sonne sowieso fehlt, wir uns weniger bewegen und seltener nach draußen gehen. Probieren Sie auch andere Schmelzgaranten: Heiße Schokolade (zubereitet aus 100%igem Kakao, gemischt mit heißem Wasser, etwas fettarmer Milch und mit Zimt verfeinert), würzigen Tees oder belebenden Kaffees. Vanille, Ingwer, Muskat, Honig, Chili, Beeren oder ein Häubchen zuckerfreie und fettarme Sahne passen besonders gut dazu.

# Die besten Kater-Killer

**Manchmal kommt man auch gegen die guten Vorsätze nicht an. Hier kommen ein paar Tricks, wenn's doch ein Drink zu viel geworden ist.**

*Wie Sie bereits wissen, braucht die Leber ein paar Stündchen, um den Alkohol abzubauen. In dieser Zwischenzeit schleicht sich der ein oder andere Kater an, wenn mal wieder über den Durst getrunken wurde. Scheu ist der ganz und gar nicht. Zähmen Sie den Wildling.*

Na, ist es gestern mal wieder etwas später geworden und haben Sie wieder etwas zu tief ins Glas geschaut? Zumindest deuten einige Symptome darauf hin. So schön die Party gestern auch war, der Morgen danach ist alles andere als berauschend. Was für ein Katzenjammer! Der Kopf brummt, der Magen zieht sich zusammen und diese Augenringe erst! Der Ausdruck »Kater« ist wahrscheinlich auf den Begriff »Katarrh« (Schleimhautentzündung, Bronchitis) zurückzuführen und wurde von Studenten im 19. Jahrhundert eher als Parodie gebraucht. Im medizinischen Jargon spricht man von »Veisalgia« mit den typischen Anzeichen von Unwohlsein, Kopfschmerzen, Appetitlosigkeit und beeinträchtigter Leistungsfähigkeit. Dem Körper werden durch den Alkohol Spurenelemente, Salze und Mineralstoffe buchstäblich »ausgespült«. Dieser Verlust führt zu Kopf- und Gliederschmerzen. Als Erstes müssen Sie also zusehen, dass Sie Ihren Mineralstoffhaushalt ausgleichen und wieder auf die Beine kommen. Frühstücken Sie gut und ausgewogen, trinken Sie viel (wahre Wunder bewirkt zum Beispiel eine Gemüsebrühe, die Sie mit Flüssigkeit und Salzen versorgt), und schlafen Sie sich richtig aus. Dann kommen Sie schnell wieder zu Kräften und haben den Kater schon bald wieder verscheucht.



Um den Kater möglichst schnell loszuwerden, kursieren die absurdesten Vorschläge. Hören Sie sich das mal an:

- Platz 3: In die Sauna gehen, um den Restalkohol einfach auszuschwitzen.
- Platz 2: Einfach mal eine Runde fasten und die vielen Kalorien von gestern Abend wieder loswerden.
- Platz 1: Wirken Sie mit einem Konterbier entgegen, ganz nach dem Homöopathie-Prinzip »Ähnliches mit Ähnlichem bekämpfen«.

Lassen Sie bloß die Finger davon. Sie kennen Ihren Körper am besten und wissen genau, was er jetzt gerade benötigt - Hungern, Schwitzen und Nachglühen ganz sicher nicht.

# 49 Vertreiben Sie die Katerstimmung

Bringen Sie Ihren Kreislauf wieder in Schwung. Ein starker Kaffee ist da nur der Anfang. Der Körper ist bemüht, den Alkohol rasch wieder abzubauen. Die Leber hat jetzt eine Menge zu tun. Das werden Sie mehr oder weniger leidvoll am ganzen Körper spüren. Unterstützen Sie den Prozess von außen: Viel Wasser trinken, ein gutes Frühstück mit reichlich Vitamin C (bestenfalls aus Zitronen- oder Orangensaft). Und dann auf zur Kneipp-Tour (richtig gehört): Mit Wechselduschen können Sie alle Schlaffheit wegspülen. Beginnen Sie an den Füßen und arbeiten Sie sich mit dem kalten Wasserstrahl langsam nach oben. Spüren Sie schon den Frischekick? Wenn Sie sich wieder fit fühlen, gehen Sie an die frische Luft, schnüren Sie Ihre Laufschuhe und drehen Sie eine lockere Runde. Schon 20 Minuten leichtes Joggen oder zügiges Gehen bringen Ihren Kreislauf in Schwung. So laufen Sie dem Kater davon! Wenn Sie schon einen Kater haben, dann am Ende doch lieber einen Muskelkater, richtig?

Wer einen »guten Stiefel verträgt«, so sagt man, ist besonders trinkfest. Nichts, worauf man stolz sein sollte! Es ist eigentlich nur ein Hinweis darauf, dass man schon mehr trinken muss, um dieselbe Wirkung zu spüren, als früher. Schade auch um das viele Geld, dass Sie nun mehr ausgeben müssen. Wenn wir schon beim Stiefel sind und die Rede sowieso vom Kater ist, dann sollten wir uns besser den gestiefelten Kater zum Vorbild nehmen. Sie erinnern sich an die Geschichte? Nachdem der Müller verstarb und sein Hab und Gut auf seine drei Söhne verteilt wurde, bekam der Jüngste »nur« den Kater. Doch was soll man mit einem Kater anstellen? »Nicht so ungeduldig, wir machen das Beste draus«, versprach das kleine, aber pfiffige Kerlchen. Er bat um ein Paar Stiefel und mischte sich anschließend unters Volk. Mit seiner lustigen Art und positiven Lebenseinstellung lenkte der selbstbewusste Kater schließlich die Aufmerksamkeit des Königs auf sich und verhalf dem Jungen zu Reichtum und Ansehen, und das alles nur, weil er Mut und Geduld bewies, aber vor allem das Beste aus der Situation machte. Und was lernen wir daraus? Zweierlei: Auch Sie haben einen neuen Weg eingeschlagen. Vielleicht wollen Sie Ihren Alkoholkonsum reduzieren oder völlig aufgeben. Schnüren also auch Sie sich Ihre neuen Stiefel an, die im übertragenen Sinne für Mut, Offenheit und eine gute Portion Selbstvertrauen stehen. Sie brauchen keine liquiden Hilfsmittel, um Ihren Weg zu beschreiten. Diese werden Sie höchstens nur ins Rutschen bringen. Gehen Sie es optimistisch und gelassen an. Schließlich hat nur der Kater neun Leben. Sie aber haben nur eins! Machen Sie das Beste aus Ihrer Zeit, dann wird auch ein Stiefel draus (was so was heißt wie, »das wird schon klappen!«).

# Alkoholtest

Machen Sie den Selbstcheck: Alles Pustekuchen oder bereits grenzwertig?

**Frage**

Alkoholisches kommt bei mir in der Woche öfters auf den Tisch.

Ja ❑ Nein ❑

Es werden oftmals mehr als zwei Gläser.

Ja ❑ Nein ❑

Hochprozentiges findet auch häufig den Weg ins Glas.

Ja ❑ Nein ❑

Ich kann so einiges ab.

Ja ❑ Nein ❑

Dass ich viel vertrage, fällt meinem Umfeld auch schon auf.

Ja ❑ Nein ❑

Manchmal gibt's Momente, da schieße ich mich einfach ab.

Ja ❑ Nein ❑

Ein Wochenende ohne Alkohol - kann ich mir nicht vorstellen.

Ja ❑ Nein ❑

Ich habe wegen meines Konsums oft ein schlechtes Gewissen.

Ja ❑ Nein ❑

Ich wollte schon mal mit dem Alkoholtrinken aufhören.

Ja ❑ Nein ❑

In der Familie wurde auch schon immer gut gebechert.

Ja ❑ Nein ❑

Trunkenheit am Steuer kam bei mir leider auch schon vor.

Ja ❑ Nein ❑

Gelegentlich habe ich schon mal nach einer Feier einen Filmriss.

Ja ❑ Nein ❑

Wenn ich trinke, gibt's auch Streit.

Ja ❑ Nein ❑

Es fliegen auch schon mal Gegenstände durch die Luft.

Ja ❑ Nein ❑

Wenn ich getrunken habe, fahren meine Emotionen Achterbahn.

Ja ❑ Nein ❑

Den ersten Schluck gab's schon recht früh.

Ja ❑ Nein ❑

Mein Pensum hat sich über die Jahre immer mehr gesteigert. Ja
❑ Nein ❑

Ein kleines Bierbäuchlein ist auch schon bemerkbar.

Ja ❑ Nein ❑

Alkohol ist einfach oft mein liebster Sorgenbrecher.

Ja ❑ Nein ❑

Ich brauche Alkohol zur Stimulierung.

Ja ❑ Nein ❑

Manchmal trinke ich auch allein (heimlich).

Ja ❑ Nein ❑

Ich habe mich schon mal im Rausch verletzt.

Ja ❑ Nein ❑


Na, wo haben Sie Ihre Kreuzchen gesetzt? Wenn das Ja überwiegt, dann ist es höchste Zeit für eine alkoholfreie Zeit!